O Espírito do Líder

volume 2

O Espírito do Líder

Lidando com a incerteza permanente

Ken O'Donnell

INTEGRARE EDITORA

Publisher
Maurício Machado

Supervisora editorial
Luciana M. Tiba

Coordenação e produção editorial
Crayon Editorial

Preparação de texto
Fernanda Marão

Revisão
Marisa Rosa Teixeira
Sandra Brazil

Projeto gráfico de capa e miolo
Alberto Mateus

Diagramação
Crayon Editorial

Dados Internacionais de Catalogação na Publicação (CIP)
(Câmara Brasileira do Livro, SP, Brasil)

O'Donnell, Ken
O espírito do líder : lidando com a incerteza permanente, volume 2 / Ken O'Donnell. – São Paulo : Integrare Editora, 2010.

Bibliografia.
ISBN 978-85-99362-55-6

1. Administração 2. Administração de empresas 3. Administração de pessoal 4. Espiritualidade 5. Liderança 6. Organizações I. Título.

10-07850 CDD-658.001

Índices para catálogo sistemático:

1. Espiritualidade aplicada à administração 658.001
2. Espiritualidade corporativa e teoria organizacional : Administração 658.001

Rua Tabapuã, 1123, 7º andar, conj. 71/74
CEP 04533-014 - São Paulo - SP - Brasil
Tel.: (55) (11) 3562-8590
Visite nosso site: www.integrareeditora.com.br

Mensagem da Brahma Kumaris

Quando nós mudamos, o mundo muda.

Essa frase representa uma verdade tão básica que nem precisa ser muito explicada. Todos queremos um mundo melhor, mas para isso precisamos de seres humanos melhores que revelem o melhor de si por meio de seus pensamentos, palavras e atos. A Organização Brahma Kumaris, que tenho a honra de coordenar no Brasil, reconhece essa bondade intrínseca do ser humano.

Quero contar um pouco de sua história. Foi fundada no noroeste da Índia (atual Paquistão) em 1936 e veio para o Brasil em 1979, por meio de Ken O'Donnell. Encontrou o característico coração aberto dos brasileiros e, de lá para cá, só cresceu. Hoje conta com mais de trinta sedes nas principais capitais brasileiras e cidades do interior. Além disso, realiza atividades de fim de semana em quatro centros de retiro.

Ao reconhecer os desafios da rápida mudança global, a Organização Brahma Kumaris nutre o bem-estar de toda a família humana ao promover entendimento espiritual, liderança com integridade e ações mais elevadas. Ela ensina um método prático de meditação que ajuda as pessoas a compreender suas forças e valores interiores e a empregá-los em sua vida prática. Para nós, a aplicação de virtudes e valores elevados em nossa conduta e relações humanas e o serviço altruísta às pessoas são os elementos fundamentais para o desenvolvimento de uma consciência elevada.

Todos os centros da BK oferecem cursos de meditação e conhecimento espiritual, bem como seminários e eventos especiais que facilitam o autodesenvolvimento e mudanças pessoais. Todos os cursos, seminários e oficinas são abertos ao público e sem taxas fixas. Assim, ela oferece um grande serviço à comunidade.

Os cursos oferecidos têm como objetivo principal a melhoria da qualidade de vida – por exemplo, conquistar a autoestima, aprender a pensar positivamente, administrar o tempo, superar o estresse e a raiva, e desenvolver a inteligência espiritual.

Minha ideia de um mundo melhor abarca várias dimensões. A natureza e o meio ambiente estarão limpos, puros e em harmonia com o ser humano. As instituições sociais estarão todas estruturadas para desenvolver o ser humano de forma holística, propiciando a manifestação de múltiplos talentos: culinários, artísticos, administrativos, científicos etc. Tudo isso é possível se aprendermos a acessar nosso potencial interior.

Certamente é um passo na direção de um mundo melhor a iniciativa da Integrare Editora de dedicar uma porcentagem da venda deste livro a instituições como a nossa.

LUCIANA M. S. FERRAZ
Coordenadora Nacional da Organização Brahma Kumaris
www.bkumaris.org.br

Sumário

Prefácio

Era uma manhã radiosa em um desses retiros nos arredores de San Jose na Califórnia. Todos nós, latinos, estávamos na expectativa de ouvir um dos expoentes da "Nova Administração" que anos depois viria a ser conhecida como "gestão socialmente responsável" ou "gestão para a sustentabilidade". Willis Harman saiu da casa em direção à varanda onde nos encontrávamos em natural burburinho e sentou-se entre nós com o olhar sereno porém distante. Gradativamente o silêncio foi se formando e entre um e outro canto de pássaros Willis começou a falar. Sua voz pausada irradiava luz e a certeza segura de que após tantos anos vividos entre corporações o caminho a trilhar era outro. Suas palavras, pronunciadas pausadamente, mostravam que a complexidade havia se tornado o desafio central em um mundo que se globalizava, que as corporações tinham um novo papel a desempenhar e deveriam se preparar para isso. O grande desafio, dizia, era conseguir desapegar-se das práticas consagradas da administração e a partir de um olhar integrador e sistêmico compreender a interdependência e a necessidade de reinventar as corporações.

Isso foi no início da década de 1990. A globalização ensaiava seus primeiros passos e a internet ainda não havia transformado o padrão de como nos conectamos e de como aprendemos. Anos se passaram e essa experiência com Willis Harman ficou indelével em minha memória. Muito pelo que disse mas, principalmente, **como disse**.

Já no final da década de 1990, em um evento promovido pelo Brahma Kumaris em Oxford, Brian Bacon – um dos expoentes do World Business Academy – procurava demonstrar pelo seu programa "Self-Managing Leadership" que, fosse qual fosse o caminho do líder, sua expressão somente adquiriria significado se soubesse sobretudo o que lhe move. "Quando você serve ao seu propósito, de alguma forma o universo conspira a seu favor" – esse era o seu ensinamento central. Tanto no caso de Willis Harman quanto no de Brian Bacon havia um elemento muito forte no estilo de liderança que pregavam que não era evidente, tampouco constava dos manuais tradicionais da administração. Uma sutileza que eu ainda não havia captado em seu todo.

Já em meados dessa década, em um programa de liderança sistêmica – ELIAS – desenvolvido por Otto Scharmer e Peter Senge no MIT, o aspecto central da abordagem era desenvolver uma metodologia de liderança que colocasse os líderes em contato com o mais profundo de seu "eu interior" onde, segundo Scharmer e Senge, a única possibilidade de emergência de inteligência criativa e dos elementos cognitivos para a compreensão da complexidade poderia emergir.

Como vemos, em diferentes épocas e lugares, pessoas que são expoentes do mundo corporativo e na formação de gerações de líderes empresariais têm buscado mostrar que o aspecto mais importante da inspiração do líder, "aquilo que o move", não vem dos aspectos evidentes da personalidade dos que lideram. O que faz com que um líder efetivamente lidere não é o que ele impõe ou ensina, mas o que ele faz emergir, o que ajuda a revelar de significativo e motivador em um grupo. Portanto, o líder não é quem conduz mas aquele que, ao ajudar o grupo a encontrar a sua motivação maior, ajuda-o a assumir a sua melhor identidade como grupo e alcançar sua funcionalidade máxima.

Para que isso ocorra, as platitudes e os clichês sobre liderança não ajudam muito porque é de qualidade sutis que estamos falando. Autoconhecimento, valores perenes, confiança, compaixão, coragem moral, coerência intelectual e espiritualidade são alguns dos atributos hoje exigidos de qualquer líder que se pretende útil na busca de um novo padrão civilizatório que é o espírito emergente de nossa época.

Desde que Ken apresentou em uma noite fria de junho em 2007 seu seminário "Vivendo Valores na Empresa" em uma conferência do Instituto Ethos, nunca mais a minha visão sobre gestão socialmente responsável foi a mesma. Conheço Ken O'Donnell há mais de uma década e sempre fui seu grande admirador e modesto amigo. Já o havia visto antes conduzindo grupos ou liderando debates. Mas aquela noite foi especial. Olhava o rosto das pessoas em meio a um silêncio sepulcral e os via iluminados, naquela emoção profunda que é inesquecível. Ken mais uma vez demonstrava com uma maestria ímpar que sem espiritualidade nada seríamos. Temos o vício cartesiano e arrogante de discutir administração e liderança como se fossem ciências exatas, previsíveis, com probabilidades controladas. Mero engano: todas as nossas outras habilidades adormecidas há séculos que constituem o extraordinário do gênio humano são aquelas que mais do que nunca serão convocadas para que possamos responder aos complexos e terminais dilemas que o século 21 nos apresenta.

Neste livro, que é o primeiro de uma coleção, Ken nos traz algumas chaves para esses desafios. "O Espírito do Líder" mostra que muito do que sabemos de nada serve. Algumas coisas que pensamos saber sabemos pouco. E muito do que nunca nos preocupamos em aprender se tornou essencial. A sabedoria não é uma qualidade que se compra ou se adquire após alguns cursos. Ela é o resultado de um esforço genuíno em aprendermos muito sobre nós mesmos, sabermos o essencial daquilo que importa, aprendermos sempre com cada experiência e, sobretudo, servirmos à causa que nos move. A confiança gerada pela autenticidade dessa busca inspirará a todos que nos cercam. Líderes ou não, estaremos contribuindo para algo significativo em nossas vidas e na do próximo.

RICARDO YOUNG

Presidente do Instituto Ethos

Abril de 2009

Introdução

Todos os grandes líderes tiveram uma característica em comum: a coragem de confrontar inequivocamente a ânsia principal das pessoas de sua época. Esta, e não outra coisa, é a essência de liderança.

John Kenneth Galbraith

Não somos os primeiros a enfrentar tempos desafiadores. A História está repleta de altos e baixos, sucessos e fracassos, períodos de tranquilidade e outros de convulsões. Certamente existe uma diferença de escala entre os tumultos e as possibilidades que enfrentamos hoje se comparados com tudo o que já passou. De qualquer modo, a conectividade global e a capacidade crescente de investigar o que acontece no nosso planeta revelam sérias anomalias sociais, políticas, econômicas e ambientais, como jamais vimos. É uma faca de dois gumes. A proliferação de redes de pessoas mais conscientes e a competência investigativa podem ser a fonte de todas as soluções.

Os valores humanos que surgem como resposta em diversos momentos da História não são tão diferentes dos que afloram agora. A coragem que Galbraith menciona é um deles. A cooperação e a solidariedade a que assistimos na ajuda a países que passaram por desastres naturais, como os ocorridos no início de 2010 (os terremotos no Haiti e no Chile, as chuvas intensas no Brasil), e tantas outras facetas humanas mostram que, como no passado, as soluções já existem nos nossos corações e mentes. Essas facetas fazem parte do potencial humano pouco explorado.

Imagine como seria perder todos os suportes – família, dinheiro, posição na sociedade, saúde, quase tudo –, como sempre acontece nesses desastres. Quando somos reduzidos ao básico da vida, temos duas escolhas: resignar-nos e sucumbir às circunstâncias ou levantar a cabeça e enfrentar tudo com coragem e determinação. Além das posses e dos relacionamentos com os outros, ainda temos a nós mesmos e o grande desafio de superar os medos e mostrar nosso valor. A equação da vida – com tudo ou sem nada – se reduz sempre a essas duas escolhas. O líder é aquele que escolhe levantar-se e lutar. Crises e tumultos tendem a revelar o melhor de nós. Líderes naturais surgem e eles mesmos se surpreendem. Mas é preciso superar o nosso maior inimigo – as negatividades internas, que agem contra nós.

No *Bhagavad Gita*, livro sagrado dos hindus, Krishna desafia o príncipe Arjuna a se levantar e lutar contra seus primos para reconquistar o reino usurpado por eles. Arjuna vacila porque não quer matar seus parentes e levar a nação a uma carnificina imensa. Como todos os mitos são simbólicos, podemos entender o receio de Arjuna.

O campo de batalha é a nossa mente, e os primos maus são as nossas sombras internas. Sempre somos desafiados a matá-los, mas trememos nas bases. Lutar contra o ego, apegos e frustrações é para os corajosos. Arjuna claramente não acredita em sua vitória, mas finalmente se inspira e segue em frente. Depois de muito diálogo, há uma instrução final:

– Levante-se e lute com determinação.[1]

A realidade atual nos faz refletir profundamente sobre o mundo que estamos criando e as sombras que persistem em nós. Os tão badalados acordos sobre o clima de Copenhague em 2009 fracassaram. Provavelmente a economia mundial será obrigada a mudar radicalmente no futuro próximo. Apesar das advertências reais sobre o estado do meio ambiente e da difícil recuperação do infarto do sistema financeiro global, o conjunto de desgraças pode ser o melhor que nos tenha acontecido – *se* aprendermos a pensar e a responder diferentemente aos desafios ao nosso redor.

Infelizmente, existe um grande contingente de pessoas que esperam o retorno da normalidade anterior a 2008, sem perceber que foi esse estado de coisas que mais contribuiu para as diversas crises. Tentar criar riquezas do nada, investindo num futuro impossível com dinheiro que não existe de fato, e tratar de forma inconsequente os recursos

1 *Bhagavad Gita*, Cap. 2:37.

naturais do planeta, como se fossem uma fonte inesgotável – muitos gostavam de viver assim e querem que esses "bons tempos" voltem.

O respeitado *McKinsey Quarterley Review*[2] dedica uma seção inteira ao tema *Managing in the new normal* (Gerenciando na nova normalidade). Os títulos dos artigos revelam as preocupações – *Como os gestores devem entender-se com uma economia frágil, Lições de liderança para tempos difíceis, O que vem a seguir para bancos globais, Os mercados globais de capital: entrando numa nova era*, e outras joias do gênero.

Muitos podem pensar: "O momento atual é apenas um pouco mais difícil e logo poderemos voltar a fazer o que sabemos fazer – conquistar os nossos clientes ou eleitores, domar a natureza, cumprir os prazos e vender nossos produtos ou ideias enquanto tiramos o máximo das nossas equipes e fugimos da nossa responsabilidade em relação às gerações futuras. É só voltar a gerir os nossos negócios ou projetos como bem entendemos e pronto!" Mas pense: será quase impossível! O jeito é aprender a enxergar soluções verdadeiras e duradouras em vez de tentar recuperar as sementes dos problemas. Sistemas humanos são assim – altos e baixos, vitórias e derrotas, felicidades e tristezas. A arte é saber navegar bem em um mar de incertezas.

De acordo com artigo publicado na *Harvard Business Review*[3], os líderes devem acostumar-se a uma sequência contínua de crises sem trégua. A complexidade dos fatores

2 Disponível em: <http://www.mckinseyquarterly.com>.

3 HEIFETZ, R.; GRASHOW, A.; LINSKY, M. Leadership in a (permanent) crisis. *Harvard Business Review*, jul./ago. 2009.

que assolam o mundo determina isso. Os autores declaram que no momento em que a economia se recuperar as coisas não voltarão ao estado "normal" e que um modo diferente de liderança será necessário. Dizem: "Economias não podem erigir um *firewall* contra a intensificação da concorrência global, as restrições de energia, as alterações climáticas e a instabilidade política. A crise imediata - que passaremos com a ajuda de adaptações técnicas de peritos em políticas - simplesmente prepara o terreno para uma crise sustentada ou mesmo permanente de desafios sérios e desconhecidos".

Um artigo recente do *Washington Post*[4] reforça ainda mais a necessidade de mudanças fundamentais na maneira como operamos a economia. A manchete alerta sobre uma reunião recente do FMI (Fundo Monetário Internacional) sobre a crise: "Para as nações que vivem bem, a festa acabou!". De acordo com o FMI, o futuro da economia mundial depende de "reequilibrar e consolidar". O "reequilibrar" refere-se à necessidade absoluta dos países que são essencialmente importadores e consumidores (como os Estados Unidos) e dos países que são basicamente exportadores e produtores (como a China e o Brasil) de ajustar as contas entre si. O "consolidar" tem a ver com a redução do déficit fiscal.

Os dois rumos causarão grande impacto nos países em desenvolvimento, que verão a capacidade consumidora dos países "ricos" se reduzir, acompanhado da quase inevitável desvalorização de suas moedas. Até quando, sugere o artigo, a China (e outros países) bancará o déficit interno

4 SCHNEIDER, H. For nations living the good life, the party's over, IMF say. *Washington Post*, 24 abr. 2010. Disponível em: <http://www.washingtonpost.com>.

dos Estados Unidos para segurar o *yuan*? O próprio artigo esclarece: "O *People's Bank of China* tem agido como um cartão de crédito gigante, assegurando consumidores nos Estados Unidos e movimentando modelos de negócio como o da rede Wal-Mart". Mas não por muito tempo.

Não é difícil enxergar também o fim de outra festa. Países como a China, a Índia e o Brasil terão de ajustar seus "milagres econômicos" a um mundo mais austero. Será uma equação difícil de acertar e um grande desafio para os líderes que não enxergarem que o sistema funciona como uma unidade.

Há duas certezas para os próximos tempos: a primeira delas é que a incerteza continuará. Ninguém sabe qual será o resultado da mistura poderosa desse "reequilibrar e consolidar", com o aumento da competição global, os avanços tecnológicos, as moedas em estado de fluxo, a mudança climática, a crescente defasagem entre pobres e ricos, a instabilidade política e alguns governos que desrespeitam as normas internacionais e tantos outros ingredientes do caos atual. Ninguém! A outra certeza é que a liderança no que promete ser uma série de crises sustentadas será apenas para os pensativos, corajosos e ágeis. Você conhece alguém assim?

A situação mundial atual é uma oportunidade para alterar positivamente a trajetória dos nossos negócios, nossa vida pessoal, nossa família, comunidade e meio ambiente e criar o palco para um mundo melhor. Pelo menos deveríamos ser sacudidos para fora da complacência que nos condena a enfrentar esses novos desafios com as mesmas fórmulas desgastadas de antes. Como Einstein dizia, não podemos resolver os problemas de um sistema com a mesma mentalidade que os criou.

É uma chance enorme de nos reavaliar. Queremos viver cuidando apenas de nosso nariz ou dos interesses meramente monetários? Queremos vender as nossas almas a um mundo mecanizado sem significado mais profundo? De fato, mesmo com todos os desafios, podemos viver de forma mais equilibrada em termos profissionais, familiares e espirituais. Podemos iniciar aquelas conversas que têm faltado ou que temos evitado em nossa vida – com nós mesmos, com as pessoas mais queridas e com as pessoas que dependem de nossa liderança.

As crises podem nos fazer mais fortes como indivíduo, como família e como comunidade, ou podem nos arrasar. Ambos os resultados são possíveis. É uma escolha, não uma sentença. Tem a ver apenas com a nossa atitude. Como prisioneiro de um campo de concentração nazista, o autor Viktor Frankl escreveu: "a única liberdade pessoal que nunca pode ser removida é a liberdade de escolher sua atitude, não importam as circunstâncias".

Uma autoavaliação profunda de reformulação de atitudes é essencial se quisermos levantar a bandeira da transformação deste mundo, por meio de uma ressignificação de nós mesmos e de nossa contribuição para o bem geral.

A chave da **autoavaliação**

A autoavaliação não é uma prática comum no nosso dia a dia conturbado nem prioridade nas maiores escolas e empresas. Recentemente, conduzi um treinamento sobre como ser líder de si mesmo para os diretores de uma das principais universidades mexicanas. Alguns dos comentários retratam isso:

» Estamos muito acostumados a organizar cursos para os outros. Foi a primeira vez nos vinte anos que estou aqui que fizemos um curso para nós mesmos.

» Nunca tinha olhado para o verdadeiro potencial que tenho dentro de mim.

» Este tempo de reflexão sobre quem somos e o que podemos fazer será um divisor de águas na nossa vida.

Essa investigação reflexiva pode revelar uma capacidade de liderar que jamais imaginamos. Desenvolver o líder requer coragem e a capacidade de desaprender muitos dos conceitos que podemos considerar sagrados, mas que têm tido impacto residual e constante de desacelerar nosso passo.

Muitos de nós nos lembramos com nostalgia da infância. Sentimos saudade de como tínhamos ingredientes de líderes naturais, de como éramos aventureiros e autênticos, sem medo de experimentar algo novo, procurando sempre descobrir como funcionava tudo e com uma imaginação quase sem limites. Sabíamos exatamente o que queríamos e éramos determinados a consegui-lo. Nada parecia impossível.

Lamentavelmente, ao longo da vida, enterramos muitas dessas características naturais à medida que entramos nos conformismos e nos sistemas de um mundo adulto inseguro, confuso e sem muita imaginação. O que aconteceu com o líder potencial que ainda reside na nossa essência esperando ser libertado? A autoavaliação não apenas ajuda a trazer esse potencial para a luz do dia, mas também identifica as barreiras profundas que o detém.

Sem dúvida, uma das influências mais poderosas na nossa formação tem sido a quantidade de vezes que escutamos a palavra "não". Certa vez, ouvi em uma palestra que até os 7 anos de idade uma criança chega a ouvir 100 mil "nãos". Mesmo que não sejam tantos, representam muitas recusas: *Não faça! Não dá! Não pode! Nem pensar!* Pais e professores (a maior parte das vezes com toda a razão) tentaram nos dar um rumo correto para o nosso bem. Infelizmente, um dos efeitos colaterais parece ser o enterro da nossa ousadia criativa à medida que entramos nos sistemas de obediência e conformidade – em casa, na escola, na faculdade e, finalmente, nas corporações. Em vez de líderes, nosso sistema produz seguidores das ordens de outros. Poucos são os que conseguem preservar suas amarras internas destrancadas e manter a faísca da independência do pensamento, da criatividade, da autoconfiança e da ousadia acesa.

Hoje, precisamos de líderes que ousam pensar "fora da caixa", que podem dizer "sim" para o sustentável e "não" para o que não é, e inspirar outros a tomar a decisão de criar um futuro que realmente vale a pena. O líder é justamente aquele que consegue enxergar além das limitações de suas referências anteriores e empreender coisas diferentes para o benefício geral.

Descobrindo a próxima **dimensão do líder**

Um desenho animado com o personagem *dr. Quantum* do documentário *Quem somos nós?*[5] sobre a visão quântica do mundo, cujo título é *Dr. Quantum visits Flatland (Dr. Quantum visita a Planolândia)*, ilustra bem o dilema dos conformistas.

Planolândia é um mundo com apenas duas dimensões habitado por linhas, círculos, quadrados, polígonos etc. Os seres desse lugar só têm comprimento e largura. Para cima e para baixo são apenas conceitos inconcebíveis, de tal modo que especular a respeito de outras dimensões é proibido.

A dimensão interna em que o potencial de cada um aguarda sua vez é vista por muitos executivos com a mesma incredulidade de um círculo que tenta entender uma esfera. A possibilidade de autodesenvolvimento a partir da compreensão profunda do ser e do mundo em que vivemos acaba sendo um fracasso da imaginação. São os *planolandenses* tentando entender a dimensão seguinte.

Numa conversa que tive com um grande amigo que hoje é o presidente mundial de uma das maiores empresas fabricantes de tintas, ele revelou pelo menos sua disposição nesse sentido. Ele disse: "Não somos suficientemente conscientes para enxergar, pelas relações que temos, que somos parte deste mundo. É o baixo nível da nossa consciência que reduz a nossa capacidade de manter a coerência entre

5 *Quem somos nós? (What the bleep do we know?)*, Lord of the Wind Films, Estados Unidos, 2004. (Disponível em: <http://www.whatthebleep.com>)

os valores que queremos como seres humanos e os valores que vivemos como 'seres de negócio'?"

Como líderes de nossas famílias, empresas e comunidades, temos a responsabilidade de começar a criar e sustentar a unidade de valores entre o que praticamos e o mundo do qual fazemos parte. Temos de nos conscientizar de que somos cidadãos globais, que querem viver e contribuir para um mundo melhor para todos.

Este **livro**

A trilogia *O Espírito do Líder* procura despertar uma experiência semelhante à descoberta da "menina-círculo" da animação quando ela viaja pela terceira dimensão. Ela foi escrita para ajudar aqueles que estão em posições de liderança a pensar mais profundamente sobre o propósito de suas vidas e das situações por que têm passado nesta época tão conturbada. Como a maioria prefere seguir modelos e exemplos em vez de empreender mudanças, aqueles que podem influenciar os outros têm responsabilidade enorme por contribuir para a mudança do rumo da humanidade. Um futuro mais sustentável não é uma questão de desenvolver novas ferramentas, habilidades, políticas ou leis. É muito mais uma mudança de perspectiva. As ferramentas e as habilidades precisam ser respaldadas por valores humanos e espirituais. As políticas e leis têm de ser fundamentadas em princípios claros de cuidado e respeito e, acima de tudo, na coragem de ser diferente e empreender o melhor para todos.

Este livro é o segundo volume da série *O Espírito do Líder*. O primeiro abordou a questão das lições que podemos tirar dos tempos turbulentos, aprofundando-se especialmente em três temas:

SER UM LÍDER SÁBIO | Quando liderar de cima, lado a lado, por trás e a partir de dentro, e, enquanto isso, fazer com que os colaboradores sintam que estão realmente progredindo.

OS TRÊS PILARES DA SABEDORIA | Compreensão, reflexão e prática.

AUTOCONSCIÊNCIA | Como a consciência de nossa natureza mais profunda pode estimular o que há de melhor em nós.

Neste volume, entre outras coisas, falaremos sobre algumas das competências mais importantes nestes tempos de incerteza permanente:

CONFIANÇA | Como desenvolver atitudes e comportamentos que inspiram confiança e credibilidade, assim como abrir caminho para habilidades reais de delegação.

RESPEITO | Como dar e conquistar respeito de forma tão natural que as pessoas se sintam honradas por trabalhar conosco.

DIÁLOGO | Como e quando abrir espaço para que os outros digam o que realmente sentem e dar asas a suas possibilidades.

LIDAR COM MUDANÇAS | Como manter a calma e tomar decisões rápidas enquanto se enfrentam as turbulências de uma transformação.

No terceiro volume veremos os aspectos principais de como ser um excelente líder de si mesmo. Assim, falaremos sobre:

SER ÉTICO | Como honrar as relações com cada pessoa, a sociedade e o meio ambiente.

MANTER O FOCO | Como manter-se fiel a um sentido mais profundo de propósito interior torna-o uma verdadeira âncora em tempos de caos.

PODER PESSOAL | Como desenvolver a força de vontade necessária para realizar as mudanças desejadas em comportamentos e hábitos.

COOPERAÇÃO | Como trabalhar em harmonia com outras pessoas em circunstâncias incertas e exigentes.

SILÊNCIO | Como criar e usar o espaço privado para recarregar as baterias internas.

...

O líder hoje

O homem não teceu a rede da vida, é apenas um dos fios dela. O que quer que faça à rede fará a si mesmo.

SEATTLE, CACIQUE NORTE-AMERICANO (1854)

NOS DIAS ATUAIS DE INCERTEZA PERMANENTE, EM QUE FICA DIFÍCIL LEMBRAR A ESTABILIDADE DE OUTRAS ÉPOCAS, SURGEM NOVOS LÍDERES COM NOVOS VALORES.

O *slogan* da *Harvard Business School*, a primeira no *ranking*[6] de escolas de negócios, é "Educamos líderes que podem fazer a diferença neste mundo". A missão da *Stanford Graduate School of Business*, empatada com a Harvard nessa pesquisa, é "Mudar vidas. Mudar organizações. Mudar o mundo". Se visitamos as primeiras dez escolas de administração do mundo, suas missões são variações desse tema.

Essas frases refletem um impulso de ajudar o planeta. Como vimos, entre o desejo revelado e a sua realização há muito chão. Quando houve a parada cardíaca do sistema

6 Best Graduate Schools, *US News & World Report*, 30 abr. 2010.

financeiro mundial entre setembro e outubro de 2008, eu estava dando uma palestra numa das mais importantes escolas de Negócios em Dubai, nos Emirados Árabes. Estava no escritório do reitor observando pela janela os muitos arranha-céus exorbitantes que salpicam esse pequeno trecho de costa entre o deserto e o mar. Ele estava profundamente preocupado porque Dubai é um principado que se dedica quase exclusivamente à indústria de serviços. O único produto que Dubai produz e exporta é a tâmara (diferentemente dos outros Emirados que têm petróleo). Quem alugaria os espaços nos prédios altamente exagerados? Quem compraria uma casa nos muitos condomínios de luxo em ilhas artificiais construídas na cidade? A quem venderiam os serviços num mundo em recessão? É bem verdade que Dubai sofreu bastante e ainda sofre com essa situação, mas a conversa com o reitor foi outra.

Ele disse que estamos preparando alunos para um mundo que não sabemos como será, com material de estudo de um mundo que já deixou de existir. Ele não estava falando apenas de avanços tecnológicos. Para se ter uma ideia, calcula-se que a capacidade tecnológica em áreas de computação e dos seus dependentes digitais dobra a cada vinte meses, ou seja, tudo o que um aluno cursando o terceiro ano de computação estudou no primeiro ano de faculdade não vale coisa alguma.

O reitor se referia especificamente ao estudo de economia. Ele dizia que as teorias teriam de ser radicalmente revistas. Por exemplo, como equilibrar a complexidade dos negócios e a ganância dos acionistas com o compromisso inadiável de criar um futuro sustentável e o custo disso? Como equilibrar o progresso convulsivo do mercado de trabalho com a hiperqualificação técnica necessária? Onde estariam os novos valores que surgem com mais frequência, como a responsabilidade individual e social? E como fazer tudo isso e deixar os capitalistas felizes sem destruir o planeta?

No mundo de hoje as pessoas buscam alternativas e já não obedecem a ordens, pelo menos não sem entender o sentido delas. Mais informadas e conscientes, as pessoas – chamadas pelo nome um pouco pejorativo "capital humano" – clamam por participar mais nas decisões que afetam não apenas suas empresas e suas vidas, mas o futuro do nosso planeta.

Por isso, aplaudo as missões das escolas citadas. Tomara que seja verdade. Pelo menos existem as promessas. Os empreendedores de um mundo novo e sustentável se tornam os líderes de agora e certamente do futuro.

Recentemente eu estava no México conduzindo uma palestra em um café da manhã com cerca de cem gerentes da área de recursos humanos de grandes empresas daquele país. Em determinado momento, eu lhes dirigi duas perguntas cujas respostas resultam em um testemunho dos tempos incertos que vivemos. Os cem representantes das empresas responderam às perguntas assim:

QUAL É O PRAZO DE SEU PLANO ESTRATÉGICO?

MAIS DE 3 ANOS | 6%

2 ANOS | 36%

1 ANO | 34%

PLANO ESTRATÉGICO SUSPENSO POR CAUSA DA CRISE | 24%

A SUA EMPRESA SEGUE O PLANO ESTRATÉGICO COM EXATIDÃO?

RIGOROSAMENTE | 0%

COM POUCOS AJUSTES | 15%

COM MUITOS AJUSTES | 60%

COM AJUSTES SEMANAIS | 25%

Ou seja, temos de aprender a confiar menos nos planos e mais na capacidade das equipes das quais dependemos. Que eles sejam antenados e sábios o suficiente para responder adequadamente a tudo o que está pipocando no mercado e no mundo em que vivem e trabalham. Eis o trabalho do líder – formar tais equipes.

Líderes se qualificam pelo **estado das equipes que lideram**

Uma equipe de pessoas realmente preparadas para gerar sucesso na configuração atual não é apenas um grupo de seres humanos que trabalham juntos no seu pedaço do quebra-cabeça estratégico de uma organização, como uma máquina bem lubrificada e previsível. Os membros são os participantes de uma emocionante história em curso que produz grandes resultados e reforça a comunhão de propósitos e da interligação entre eles. O desafio é criar uma história absorvente, com capacidade de formar um compromisso excepcionalmente forte na equipe. Sem isso, os membros tendem a preencher as lacunas com suas próprias questões mesquinhas. Grupos de trabalho podem ser formados em minutos, mas equipes que geram resultados positivos de forma consistente levam tempo e cuidado para ser formadas. Esse é o trabalho de um líder consciente e inspirador.

Observando o desempenho de equipes em empresas que ganharam o prêmio "Melhor empresa para trabalhar"[7] ou outras desse nível, podemos verificar as várias dimensões que têm a ver diretamente com as atitudes e ações dos líderes:

» Formação de um senso de propósito para que as pessoas se sintam parte de algo importante.
» Criação de um espaço seguro no qual as pessoas sejam inspiradas a ir além de suas zonas de conforto.
» Construção de um ambiente de confiança.
» Manutenção do ânimo e do entusiasmo.
» Geração de resultados (se um líder não produz resultados, ele não é um líder).
» Criação de uma atitude de responsabilidade nos membros da equipe.

Talvez o último elemento seja o mais importante de todos. Ele não só está ligado ao grau de compromisso, mas refere-se à capacidade de responder da melhor forma a tudo o que acontece. A imagem de uma equipe agachada ao redor de seu treinador bolando e desenhando em um quadro branco estratégias para ganhar um jogo é uma ideia bonita. Mas qual jogo acontece exatamente como o planejado? A única maneira de uma equipe ganhar um jogo é

7 Disponível em: <http://www.greatplacetowork.com.br>.

quando treinador e jogadores sabem responder a tudo o que acontece de forma coesa e em tempo real.

Se começarmos perguntando de que uma equipe precisa para ser capaz de responder bem aos acontecimentos, já temos o caminho das pedras para um líder seguir. A equipe precisa de um senso de propósito que vá além de seu ego: "Estou aqui pela equipe e não por meu papel nela. O que me motiva é um propósito que está além do 'eu' e do 'meu'".

O que alimenta diretamente esse propósito é o que imprime significado à equipe e aos indivíduos que a compõem. Esses são o começo e o fim de qualquer equipe bem-sucedida – significado e resultados.

Outro fator crítico de sucesso na formação de uma organização relacionado ao papel do líder é a confiança. O problema é como criá-la. Não podemos simplesmente dizer às pessoas: "Confiem em mim". A base de confiança é fazer as pessoas se sentirem seguras de que não serão "deixadas na mão". Elas podem sentir-se bem no relacionamento com o líder.

Há muitos aspectos que ajudam a construir a confiança, mas o principal deles talvez seja a capacidade do líder de criar uma atmosfera na qual as pessoas estão dispostas a, no mínimo, ter iniciativa e, no máximo, assumir riscos – de afastar-se de seus velhos padrões. Uma das razões pelas quais a execução de planos se paralisa é que as pessoas não confiam em si mesmas, sentem-se incapazes de realizar as tarefas e têm medo de ser punidas caso falhem. Elas também não se sentirão confiantes individualmente se não confiarem umas nas outros.

O líder precisa conhecer seu grupo e tratar as características individuais de cada um, em um ambiente de diversidade e quase de tumulto constante. Haja sabedoria!

Equipes de negócio **e de esporte**

Resultados na gestão e no esporte são objetos de comparação óbvios. Nos negócios e nos jogos as equipes têm de adquirir quatro competências:

ENTENDER AS REGRAS DO JOGO | Não adianta jogar futebol com as mesmas regras do rúgbi. Os jogadores receberiam um cartão vermelho na primeira jogada.
ENTENDER AS ESTRATÉGIAS E TÁTICAS DO JOGO | Esperteza para apreciar as nuanças do jogo e saber quando e como atacar ou defender.
ENTENDER A COMPETIÇÃO | Apreciar o que as outras equipes trazem para o jogo.
ENTENDER A SI MESMO E SUAS PRÓPRIAS HABILIDADES | Autoconfiança no reconhecimento do próprio talento e do lugar que ocupa. Goleiro é goleiro, talvez não seja um bom centroavante. Isso implica reconhecer a contribuição de cada um para o sucesso do todo.

Essas são as comparações óbvias. Entretanto, a grande lição para os líderes de equipes de negócio ou de futebol é como trabalhar *com* e *por meio* de outros. Há uma palavra que aprendi nas minhas andanças pela Índia – onde já passei quase cinco anos da minha vida ao todo. Essa palavra é *karan-karavanhar* e significa "aquele que faz ou mostra, e o faz por meio de outros". Aplicada à ideia de um líder com sua equipe, implica uma relação quase simbiótica entre ele e as pessoas *com que* e *por meio de quem* ele está trabalhando.

Líderes - paradigma antigo × paradigma novo

Quando comparamos as características do novo líder com o velho paradigma, vemos contrastes interessantes:

PARADIGMA ANTIGO DE LÍDER	NOVO LÍDER	COMENTÁRIO
Diz respeito a mim.	Diz respeito a nós.	Com as novas lideranças, o sucesso da equipe é visto como consequência do esforço de todos e não da esperteza do líder.
A lealdade é do membro da equipe para o líder.	A lealdade é do líder para a equipe.	O novo líder é obrigado a cuidar de sua equipe e até "protegê-la" quando o trabalho é questionado.
Vocês têm de fazer.	Vamos fazer juntos.	O novo líder inspira entusiasmo nos membros da equipe e transmite a compreensão dos objetivos.
Dificilmente interage com a equipe.	Busca estar sempre presente em momentos importantes.	O líder moderno comunica tudo o que precisa dizer, dando e recebendo *feedback* útil e claro. Ele escuta mais do que fala.
Usa o medo e as ameaças para "motivar" as pessoas.	Inspira as pessoas para que sejam automotivadas.	A longo prazo as pessoas capazes de motivar-se rendem mais e com menos preocupação.

continua

continuação

Exige obediência.	Ganha o respeito.	Se o líder se autorrespeita, o respeito pelos outros nasce naturalmente, e eles lhe retribuem com respeito.
Valoriza-se e desvaloriza as pessoas.	Valoriza-se e valoriza as pessoas.	O líder percebe o que cada um tem de bom para oferecer. Ele assegura que as pessoas estão na posição que melhor corresponde às suas especialidades.
Visão parcial da realidade.	Trata de compreender as relações entre todos os aspectos do sistema.	O novo líder está antenado a tudo o que ocorre ao seu redor para entender a conexão entre empresas, empregados, mercado, sociedade e meio ambiente.

Outra vez, talvez este último ponto seja o mais importante de todos. As pessoas estão buscando alternativas de vida e, entre elas, estão aquelas que fazem parte do nosso dia a dia: equipe de trabalho, familiares, amigos e contatos. Temos de nos perguntar o quanto estamos cientes disso. Fazemos algum esforço para entender o contexto de vida de quem trabalha do nosso lado?

O renascimento emergente - os *Cultural Creatives*

Quanto sabemos do grupo denominado *Cultural Creatives*? No ano 2000, foi publicada uma pesquisa[8] que revelou que esse grupo tem mais de 50 milhões de adeptos somente nos

8 RAY, P. H.; Anderson S. R. *The Cultural Creatives: how 50 million people are changing the world*. Nova York: Harmony Books, 2000.

Estados Unidos e estimados 80-90 milhões na Europa. Trata-se de um grande segmento da sociedade ocidental que optou por ir além da direita conservadora e tradicionalista, da esquerda progressiva e modernista e do centro confuso e enlameado em sua visão de mundo. Para publicar esse estudo, o sociólogo Paul H. Ray e a psicóloga Sherry Ruth Anderson realizaram treze anos de estudos com mais de 100 mil norte-americanos, além da pesquisa com mais de cem grupos de foco e de dezenas de entrevistas em profundidade.

Se a inclinação política do grupo não está para a esquerda, direita ou centro, como ele se posiciona? De acordo com o site (<http://www.culturalcreatives.org>), se você faz parte desse quarto da população dos Estados Unidos e da Europa, "tem ânsia por uma profunda mudança na sua vida que o move na direção de menos estresse, mais saúde, menos consumo, mais espiritualidade, mais respeito pela Terra e pela diversidade dentre e entre as espécies que nela habitam". Além disso, eles dizem: "Você não está sozinho. Você é um entre um número crescente de pessoas que querem ver uma mudança profunda e integral nas culturas que evoluíram nas nações industrializadas".

O líder que se importa tem de estar consciente disso. Ultimamente temos trabalhado com os 1.200 executivos *top* de uma grande empresa multinacional. Eles são todos muito competentes em alcançar metas; do contrário, não teriam seu emprego. Mas o nível de satisfação pessoal é muito baixo. Certamente a mistura de grande realizador e baixa realização leva à busca pelo significado mais profundo na vida e no trabalho.

O impacto do grupo *Cultural Creatives* na sociedade e no mercado não é pequeno. De acordo com Amy Cortese num artigo no *New York Times*[9], os "criativos culturais" são o que o mercado chama de LOHAS[10], um acrônimo para as pessoas que conduzem "estilos de vida de saúde e sustentabilidade". Essas pessoas cuidam de suas vidas e também são consumidores, eleitores e geralmente estão engajadas na melhoria das suas comunidades.

Amy afirma que os membros do *Cultural Creatives* "podem ser o maior mercado que você jamais ouviu falar, englobando produtos como alimentos orgânicos, equipamentos energeticamente eficientes e painéis solares, além de medicina alternativa, DVDs sobre ioga e ecoturismo. Juntos, esse produtos representaram US$ 230 bilhões no mercado em 2000".

Você é um deles? Em caso negativo, está ajustando o seu pensamento a esse grupo? Agora, no ano 2010, eles já devem representar um quarto da civilização ocidental! Por esse e tantos outros motivos, temos de acordar para o novo mundo que está acontecendo à nossa volta.

Despertar o líder **em você**

Desenvolver o potencial mais elevado requer um processo de desaprendizagem de uma série de percepções, hábitos e padrões que foram adquiridos ao longo da vida. Ser um líder verdadeiramente efetivo em um mundo caótico exige coragem para destravar a sala interior da

9 CORTESE, A. They care about the world (and they shop, too). *The New York Times*, 20 jul. 2003.
10 LOHAS (Lifestyles of Health and Sustainability). Disponível em: <http://www.lohas.com>.

alma. O engraçado é que temos a chave, vemos o cadeado e ainda reclamamos de nosso potencial andar trancado.

Em tudo na vida precisamos fazer as perguntas certas para revelar as verdades mais profundas. Eis uma série de perguntas que um líder poderá fazer para descobrir se sua equipe anda bem. Peça a cada um para responder as questões de acordo com as instruções e faça o teste você também!

AUTOAVALIAÇÃO: COMO VOCÊ TRABALHA?

PARTE A (UTILIZE ESTE GABARITO)	
Nunca	0
Só quando interessa	1
Irregularmente	2
Regularmente	3
Frequentemente	4
Sempre	5

PARTE B (UTILIZE ESTE GABARITO)	
Nunca	5
Raramente	4
Irregularmente	3
Regularmente	2
Frequentemente	1
Sempre	0

PARTE A	NOTA
1 Você se mantém motivado com sua disciplina de vida?	
2 Você inspira entusiasmo nos outros?	
3 Você inspira os outros por seu exemplo de virtudes?	
4 Você faz o que promete ou diz diante dos outros – mesmo pequenas coisas?	
5 Você usa suas especialidades na consciência de ser um agente de transformação?	
6 Você faz questão de parabenizar trabalhos benfeitos?	
7 Você é um exemplo daquilo que espera dos outros?	
8 Você é o primeiro a arregaçar as mangas nas tarefas difíceis?	
9 Você age com paciência com aqueles que não possuem o mesmo ritmo que você?	
10 Você dá *feedback* claro e sem sentimentalismos sobre o desempenho dos seus colaboradores?	
TOTAL	

continua

continuação

PARTE B	NOTA
11 Você evita falar sobre as dificuldades?	
12 Seus colaboradores ficam sem informações a respeito dos seus planos?	
13 Você trata as pessoas como seres humanos e não como meros subordinados ou colegas?	
14 Você só consegue trabalhar com aqueles que o aceitam?	
15 Você deixa pouco espaço para a participação dos outros nas decisões que dizem respeito a eles?	
16 Sua criatividade ou inteligência abafa ou neutraliza a dos outros?	
17 Você fala ou se gaba muito do seu passado?	
18 Em situações problemáticas seus colaboradores ficam calados apesar de ter opiniões a emitir?	
19 Você critica as pessoas na frente dos outros?	
20 Você critica as pessoas para terceiros na forma de fofoca?	
TOTAL	

TOTAL DAS PARTES A E B	

Some os pontos das partes A e B e verifique o resultado:

80-100 Excelente pessoa que inspira os outros sem esforços.

60-79 Bom motivador, mas tem de desenvolver mais virtudes.

40-59 Razoável, mas tem de iniciar um trabalho de autodesenvolvimento.

20-39 Dificilmente você inspira alguém.

0-19 Você está precisando de ajuda.

confiança

Confiança

É impossível passar pela vida sem confiança: isso é ficar preso na pior das celas de todas: você mesmo.

GRAHAM GREENE

NAS RELAÇÕES COMPLEXAS QUE EXISTEM HOJE ENTRE GOVERNOS, EMPRESAS, SINDICATOS E A SOCIEDADE CIVIL, INCLUINDO ONGS, É IMPOSSÍVEL SUSTENTAR QUALQUER VANTAGEM DE FORMA UNILATERAL. Pode haver o mais brilhante projeto, produto ou ideia, acompanhado dos profissionais mais competentes, mas é pela ponte da confiança que a relação entre as partes transita de forma duradoura. Basta perder ou até mesmo duvidar da confiança uma única vez para que os acordos comecem a ruir. Para as pessoas que se levantam todos os dias para trabalhar nas organizações, a confiança que lhes é depositada e a confiança que elas têm no seu futuro são a pedra fundamental do sucesso. Se a confiança se desfaz, a solidez também desaparece. Nas relações afetivas com as pessoas que mais amamos a situação não é diferente. Sem confiança, elas não perduram.

No site do Instituto *Great Place to Work*[11], há uma afirmação parecida com as das escolas de negócios citadas no início do livro: "Construir uma sociedade melhor ajuda as empresas a transformar seu lugar de trabalho".

O principal indicador empregado para medir e dizer se uma empresa é um bom lugar para trabalhar é a confiança. No site ressalta-se o seguinte: "O Instituto *Great Place to Work* já possui um conjunto considerável de pesquisas que demonstram que organizações com níveis altos de confiança têm desempenho superior em termos de produtividade e rentabilidade. Os funcionários têm mais vontade de comprometer-se e seguir a visão dos seus líderes seniores". Não é de surpreender. Para eles a confiança é construída a partir de três elementos. A pesquisa para determinar se uma empresa é um bom lugar para trabalhar é feita com os funcionários, e aborda os seguintes temas:

1 CREDIBILIDADE

Existe credibilidade na empresa em que você trabalha? Seus chefes cumprem o que falam, entregam o que prometem?

2 IMPARCIALIDADE

A empresa é imparcial? Vocês são tratados de forma equitativa, sem favoritismos e corporativismos?

3 RESPEITO

Vocês são tratados com respeito? São valorizados?

11 Disponível em: <http://www.greatplacetowork.com>.

Assim, a confiança entre gerentes e funcionários é a característica principal, permeando as relações entre os funcionários e os gestores, entre os funcionários e a própria empresa e entre os próprios funcionários. Em outras palavras, a confiança surge com a forma como os líderes tratam seus liderados.

Mesmo que tais pesquisas não sejam muito objetivas, é um grande passo na direção certa. O problema é que devemos evitar a ideia de que fazer listas é o mesmo que viver de fato o que está escrito nelas.

Fazer listas é fácil

Um pouco depois da guerra civil em El Salvador, ministrei uma palestra para um grupo de empresários na Câmara de Comércio. Em determinado momento, pedi que fizessem uma lista de valores que eles precisariam praticar para reconstruir seu país. Na lista elaborada figuravam, entre outros, o respeito, a comunicação, o perdão, a união, a cooperação e a confiança. Eu perguntei se eles conheciam alguém que reunisse todos esses atributos. Ainda comentei que, falando assim, parecia que estávamos descrevendo um anjo. Perguntei se havia algum anjo na plateia. Para surpresa de todos, um senhor na primeira fila se levantou e disse: "Sim. Meu nome é Luís Anjo!" As gargalhadas da plateia escondiam uma triste realidade. Ninguém é anjo só por causa do nome. Somos muito bons em dar nomes, especificar necessidades e listar valores. Porém, precisamos saber como colocar nossas ideias em prática.

Parece bonito no papel, mas ajudar a desenvolver uma equipe de pessoas com essas características é uma arte. Qualquer lista de virtudes de líderes parece a descrição de um anjo. Se pararmos para pensar sobre o perfil de um líder para construir um ambiente de confiança, a lista também surge com facilidade:

» Ele claramente mostra que tem os interesses de todos em mente. É equitativo.
» Escuta e considera as ideias de forma aberta. Constrói um sistema confiável de *feedback*.
» É consistente na demonstração de seus princípios.
» Nunca abre mão daquilo que foi combinado antes de consultar os envolvidos.
» Focaliza soluções e não personalidades.
» Tem as competências necessárias para suas funções.
» Presta contas e é transparente.
» Nunca critica outra pessoa por trás.
» Entrega o que promete e comunica apropriadamente quando isso não é possível.
» Estimula a autoconfiança nos outros.

A questão é como ser assim.

O que é **confiança**

Há uma definição muito boa para confiança no *Oxford English Dictionary*: confiança (*trust*) é "a crença firme na verdade ou força de uma pessoa ou de uma coisa". Logo, se o líder quer construir um ambiente de confiança, ele precisa olhar estes dois lados da moeda: confiança nos outros e confiança por parte deles. Ele deve criar uma atmosfera em que a verdade e a força reinem.

A verdade certamente inclui aspectos como transparência, honestidade e autenticidade. A força implica a resiliência e a potência do conjunto. Isso significa investir nas forças inerentes de um sistema, em vez de tentar consertar tudo o que está errado.

Há alguns anos, tive o prazer de participar da reconstrução de uma organização estadual no Brasil, que prestava serviços à indústria. O presidente anterior havia desviado muito dinheiro e com a entrada do novo mandatório encontramos dois aspectos claros - desânimo, uma certa vergonha dos atos de corrupção e um potencial enorme para realmente prestar um serviço melhor ao estado. Um dos primeiros atos do novo presidente foi organizar uma sequência de diálogos empregando a metodologia de Investigação Apreciativa (IA)[12]. Essa estratégia transforma propositalmente para identificar o que já existe de melhor e criar cenários que poderiam existir no futuro. Ela procura, de maneira colaborativa, toda a paixão e forças do sistema. Gera as sementes da mudança positiva e, acima de tudo, cria confiança no futuro. De forma consciente, não olha o que não funciona, o que não dá certo, mas o que há de bom e dará nova vida.

12 Appreciative Inquiry, desenvolvida por David Cooperrider, da Case Western University, Cleveland, Estados Unidos.

Esse Programa de Planejamento Compartilhado aconteceu na capital e em mais cinco sedes regionais da organização. Todas as pessoas do sistema participaram - presidente, diretores, gerentes e funcionários, bem como parceiros de outras instituições e prefeituras.

O processo de IA por meio de suas quatro etapas - Descoberta, Sonho, Desenho e Destino - levantou muitas proposições provocativas que serviram de base para o planejamento estratégico e vários projetos subsequentes. O atual presidente já está no fim do seu segundo mandato, e a forma genuinamente participativa de planejar e decidir já faz parte da cultura. Na euforia inicial, as pessoas não acreditavam que estavam sendo ouvidas. Sua confiança nos líderes, na organização, em si mesmos e no futuro deu um grande salto.

Acabaram escolhendo cinco valores que até hoje norteiam a organização - confiar, respeitar, ser ético, dialogar e inovar. Além disso, não deixaram os valores apenas no papel: um dos meus trabalhos foi desenvolver *workshops* e outros mecanismos para criar uma cultura com base neles. Treinamos trinta multiplicadores que depois difundiram o trabalho por toda a organização. Hoje, ela é referência no Brasil na sua maneira de trabalhar. As forças inerentes ao sistema encontraram um meio de expressar-se.

Conversações **cruciais**

Em vez de elaborar listas sobre o que fazer ou o que é bom, um dos primeiros passos é abrir espaço para diálogos com perguntas inteligentes, capazes de gerar mais confiança.

Essas conversas podem ser as mais difíceis, mas também as mais recompensadoras, pois para cultivar a confiança é essencial assumir o risco de abrir o jogo com a equipe. Isso permite que o líder seja visto como alguém real, com virtudes e defeitos, sem máscaras, um ser humano autêntico, e não um ego ambulante ou um representante da alta direção da empresa, enfim, alguém com quem é possível se relacionar. Quando a confiança é recíproca, o respeito cresce. Isso vale também para os clientes externos.

Vemos como a confiança funciona plenamente através dos olhos dos clientes. Eles podem estar impressionados com o conhecimento, a competência ou a estrutura da empresa e seus números. Mas o que os afeta sobretudo é o interesse demonstrado pela empresa por eles e por suas necessidades. Se o nosso contato ocular, nossa linguagem corporal ou mesmo nossa vibração se desconectam ou sugerem que não temos o menor interesse no seu assunto, problema ou situação, a confiança é interrompida no ato. A conversa morre. De fato, a forma afável, transparente e envolvente que usamos para engajar clientes é a mesma que devemos utilizar com os liderados.

Eis algumas perguntas para aprofundar o diálogo:

1 Se existe um esquema de comando e controle, como substituí-lo por uma gestão mais participativa?

2 Se existe um ambiente de desconfiança e de guerra de egos, podemos fazer o trabalho de outra maneira para o bem da(s) equipe(s), da empresa, dos clientes e da sociedade?

3 Como envolver as pessoas desconfiadas que têm sido marginalizadas pelas decisões das quais não fizeram parte?
4 Como gerar um ambiente de aprendizagem no qual os gerentes/líderes de projeto sejam como instrutores/treinadores?
5 Como reforçar e manter um ambiente de confiança?
6 Como desenvolver atitudes e comportamentos que inspirem a confiança e a credibilidade e abram caminho para as habilidades reais de delegação?

Delegação e **confiança**

Dedique alguns minutos para lembrar uma época em sua ocupação profissional em que você realmente se sentiu energizado e pertencente a uma tarefa por causa da confiança que alguém depositou em você. Onde você estava? Quem estava com você? Quais foram seus sentimentos quando alguém não apenas delegou uma tarefa a você, mas a infundiu de confiança?

A confiança é uma atitude mental construída a partir de nossas crenças e percepções sobre as pessoas que estão ao nosso redor. Se houver pouca ou nenhuma confiança, as tarefas serão parcial ou indevidamente delegadas e provavelmente não serão bem-sucedidas. As tarefas devem ser um meio para nos tornarmos seres humanos melhores e não apenas um fim em si mesmas. Devemos sempre manter isso em mente em tudo o que fazemos e como fazemos.

Não há absolutamente nenhuma razão ou desculpa para ficarmos chateados a ponto de destruir os sentimentos dos outros. Se tudo depende da confiança, ela deve estar presente sempre. Certamente uma das razões existenciais para o trabalho é que podemos utilizá-lo para nos ajudar a nos compreender e aos outros e empreender as transformações necessárias em nossas relações com os outros. Provavelmente, por essa razão, não confiar nos outros é uma falta de confiança sutil em nós mesmos.

Precauções ao **delegar**

Veja alguns pontos para delegar atividades:

» Normalmente a delegação ocorre de cima para baixo, mas por vezes é partilhada lateralmente.
» Delegar é prerrogativa daqueles que respondem por determinadas tarefas e querem que os outros cooperem para que todos tenham a oportunidade de aprender e crescer. É por isso que geralmente acontece de cima para baixo. Às vezes, num ambiente mais livre e auto-organizado podemos envolver colegas à nossa volta e incluí-los na tarefa, principalmente aqueles que se beneficiarão do envolvimento. É por isso que delegar pode acontecer "lateralmente".
» A responsabilidade é dividida.
» Enquanto as pessoas se envolvem cada vez mais e a inclusão aumenta, a responsabilidade das tarefas se distribui de forma equitativa.

O delegado vai precisar de:

RECURSOS, INFORMAÇÃO, PRAZO E AUTONOMIA SUFICIENTE

Ao configurar as tarefas importantes e por vezes menores, temos de estar conscientes de que a pessoa ou as pessoas a quem estamos delegando precisam de algumas informações, sem as quais não podemos afirmar que a tarefa foi realmente delegada. Temos de ter certeza de que eles dispõem dos recursos e informações necessários para realizar a tarefa. Precisamos fixar um prazo razoável, se for o caso, e, finalmente, nos certificarmos de que eles têm autonomia para realizar a tarefa e de que outras partes interessadas sabem que eles a têm.

RECEBER ACOMPANHAMENTO, SE NECESSÁRIO

O líder deve acompanhá-los o quanto for necessário. Isso significa estar disponível para dar-lhes a orientação sempre que precisarem.

SABER COMO DEVE SER O RESULTADO FINAL

É útil compartilhar qual deve ser o resultado final para que os dois tenham a mesma visão das possibilidades.

SABER COMO INICIAR A TAREFA

Se necessário, o líder ajudará a iniciar a tarefa, especialmente se for algo novo para eles.

SÓ INTERVIR SE O DELEGADO ESTIVER REALMENTE FAZENDO ALGO COMPLETAMENTE FORA DO ESPERADO

Se ele está realmente fazendo algo fora do combinado ou da visão compartilhada, devemos julgar o momento certo para corrigi-lo. Afinal, pegar no pé das pessoas o tempo todo não gera confiança.

Os dez passos de delegação que **reforçam a confiança**

Só podemos realmente pensar em delegar quando há tarefas especiais, contínuas ou grandes. É mais fácil delegar tarefas menores que são de "uma vez" (*one-off*) e relativamente simples, mas ainda assim temos de ter em mente os princípios de confiança e de respeito.

Para delegar algo especial há dez passos básicos:

1 DETERMINAR A TAREFA A SER DELEGADA

O primeiro e mais óbvio passo é determinar qual tarefa você quer ou precisa delegar. Procure colocar-se no estágio de um observador desapegado e observe todo o histórico da situação, assim como seus prós e contras. Avalie também se há necessidade real de delegar a tarefa e quais são as possibilidades espirituais, emocionais, intelectuais e físicas das pessoas envolvidas.

2 COMPREENDER OS REQUISITOS DA TAREFA

O segundo passo é consultar não só aqueles que estão diretamente interessados na tarefa, mas também os que eventualmente podem ser afetados por ela. Se não é possível consultá-los, tente imaginar como ela deve ser realizada de forma bem-sucedida. Faça um *brainstorm* preliminar do que você acha que será necessário para chegar a esse ponto de sucesso.

3 SABER QUEM É CAPAZ DO QUÊ E SUAS HABILIDADES EM TERMOS DE TEMPO E AFINIDADE

Muitas vezes não há ninguém por perto que atenda exatamente aos requisitos exigidos pela tarefa. Às vezes, temos de lembrar o velho ditado, "O general vai para a guerra com os soldados que tem e não com os que ele quer". Na vida, como no trabalho, todos nós aprendemos com as tarefas que nos foram dadas, não porque estávamos preparados ou porque éramos capazes de fazê-las. Tenha isso em mente quando você estiver pensando em possíveis candidatos a uma tarefa. Frequentemente, a característica mais importante é a vontade de aprender.

4 SELECIONAR A PESSOA MAIS ADEQUADA

Após combinar qualificações com a tarefa, lembre-se também de que a responsabilidade é um grande professor.

5 VERIFICAR SEU PRÓPRIO NÍVEL DE CONFIANÇA E TAMBÉM SEUS SENTIMENTOS EM RELAÇÃO À PESSOA

Depois de selecionar a pessoa mais adequada, fazer essa reflexão pode ser extremamente útil nas comunicações posteriores e pode pesar no sucesso ou no fracasso da tarefa.

6 EXPLICAR A TAREFA E OS RESULTADOS ESPERADOS

Sente-se com a pessoa e exponha o que espera obter como resultado. É um bom momento para pedir sugestões e ter certeza de que ambos estão afinados com o que é esperado.

7 PASSAR A AUTONOMIA NECESSÁRIA E OS MEIOS

Se você já pensou profundamente sobre as exigências da tarefa (passo 2), esta parte será muito fácil. Para que a pessoa possa completar a tarefa, ela necessita dispor de recursos e informações. Se não for possível fornecer tudo, ela deve ser informada sobre onde obtê-los. Finalmente, a quantidade necessária de autonomia tem de ser determinada e comunicada a todos os envolvidos ou interessados no resultado.

8 ESCLARECER A TOMADA DE DECISÕES

Este passo provavelmente é um dos mais cruciais para delegar uma tarefa com sucesso e aumento da confiança. Os níveis de autonomia na tomada de decisões têm de ser definidos. Ao longo dos anos, a empresa provavelmente já estabeleceu orientações sobre as melhores práticas. Há muitas coisas que já funcionam bem e não precisa ser repensada: algumas decisões já estão tomadas.

O delegador obviamente retém alguns aspectos da tarefa que irá decidir sozinho. O delegado precisa de certo grau de autonomia para poder ganhar confiança. Igualmente, os dois devem decidir juntos sobre certos aspectos da tarefa. Tudo isso é mostrado na Figura 1, a seguir:

FIGURA 1

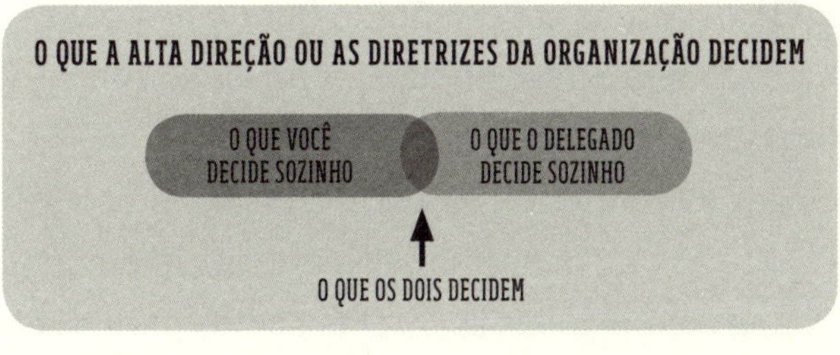

9 ORGANIZAR OS CONTATOS FUTUROS, MEDIR OS RESULTADOS, DAR E RECEBER *FEEDBACK*

Este passo visa estabelecer a regularidade das reuniões sobre a tarefa para que você possa medir os resultados e fazer as correções das ideias originais dando e recebendo *feedback*.

10 SE NECESSÁRIO, AJUDAR A INICIAR A TAREFA

O último passo é especialmente para o caso de o funcionário ser novo ou não ter tanta experiência no campo da tarefa ou até mesmo na maneira como o sistema funciona.

O que a delegação **não é**

Um dos maiores perigos para quem está liderando é o autoengano. Dar ordens com base em caprichos momentâneos ou preconceitos não tem nada a ver com delegar. Essa função não está relacionada à entrega de prêmios àqueles de quem gostamos ou castigo a quem não gosta de nós.

Como vimos antes, aquele que delega sempre terá de prestar contas pelo resultado global. Não adianta culpar os outros quando as coisas dão errado, quando a real razão do insucesso é não ter seguido os 10 passos descritos anteriormente. Ele pode não ter escolhido bem a pessoa, não a ter informado com precisão ou não ter pensado sobre todos os requisitos antes de iniciar o processo.

Delegar certamente não é despejar indiscriminadamente sobre as pessoas atividades que ninguém mais quer fazer. Não é passar todas as tarefas chatas para os outros e manter para si as mais interessantes. As pessoas precisam sentir-se criativas. Assim, precisamos ajudá-las a desenvolver um senso de propriedade e criatividade em tudo o que fazem. É a fonte de autoconfiança.

O que **nunca devemos delegar**

Como já vimos, nunca podemos delegar a responsabilidade para o resultado global das tarefas. O comandante é o último a abandonar o navio que está afundando, não importa se por culpa de um dos marinheiros. Para tornar essa questão mais clara, basta perguntar o que aconteceria se um cirurgião delegasse uma operação a outro profissional despreparado.

Tampouco podemos delegar instruções se as coisas estão correndo mal. Se nós passamos uma tarefa a alguém, não devemos pedir a uma terceira pessoa para falar com ele. Isso deve ser feito de forma respeitosa para preservar a autoestima do responsável pela tarefa e a confiança entre os dois. Da mesma forma, nunca devemos pedir a um terceiro que transmita um elogio pelos resultados das ações de uma pessoa. Um reconhecimento verdadeiro no momento certo pode ser a melhor coisa para manter o moral.

Armadilhas **ao delegar**

Delegar pode ter muitos obstáculos e, por consequência, pode afetar o grau de confiança entre todos. Em geral, as armadilhas estão principalmente relacionadas com o ego.

A primeira armadilha refere-se ao poder. É um equívoco pensar que ao delegar estamos também entregando nosso poder ao outro. Se realmente delegássemos da maneira certa e com o respeito e a confiança na medida, estaríamos solidificando o poder necessário para alcançar o sucesso devido. Com mais pessoas incluídas nas tarefas, a energia cresce naturalmente. A segunda armadilha está relacionada à primeira: é o sentimento de indispensabilidade. É um equívoco pensar que, enquanto continuarmos a mostrar nossa utilidade, a nossa importância permanecerá imaculada. Se tentarmos aproveitar todas as oportunidades para demonstrar como fazemos bem todas as tarefas, os outros ficarão relutantes em aproximar-se para ajudar. Egos tendem a não ajudar outros egos. Se ocuparmos todo o espaço no qual a criatividade pode se manifestar, as pessoas não serão criativas na nossa presença. Se for necessário demonstrar algo, basta mostrar-lhes um par de vezes.

A terceira armadilha é o sentimento que temos internamente em relação às pessoas a quem estamos delegando. Se existem sentimentos ruins, desconfiança ou até mesmo preconceito em relação a elas, essa vibração afetará a atmosfera muito mais do que palavras e ações. Os maus sentimentos também sairão nas palavras, especialmente quando as coisas derem errado e estivermos procurando alguém para culpar. Existe ainda o que é chamado de “a profecia que se cumpre”. Isso significa que, se continuarmos a pensar que alguém é incapaz ou incompetente, pelo menos em nossa presença, ele provavelmente será. É possível observar que as mesmas pessoas que nunca foram capazes de fazer algo direito conosco podem ter um bom desempenho em outras circunstâncias, com outras tarefas ou chefes. Assim, somos obrigados a assumir que foi a influência dos nossos sentimentos que as inibiu.

A quarta armadilha é a mais comum: a tendência de interferir de forma inadequada ou no momento errado, quando a pessoa a quem delegamos algo está apenas começando a encontrar o caminho e compreendendo a tarefa. Mesmo antes de terem tido a chance de aprender com alguns erros e melhorar, nós tomamos a tarefa de volta (muitas vezes de forma mal-educada ou brusca) e tentamos ensiná-las. Isso tem duas consequências muito claras:

A Perdemos a cooperação da pessoa, às vezes para sempre. Elas se sentem tão envergonhadas ou humilhadas, sobretudo se a tarefa lhes for retirada na frente dos colegas, que provavelmente não irão se oferecer para uma atividade novamente. Perdem a fé na empresa e a visão de futuro porque têm como líder um "mandão".

B Ao tomar a tarefa de volta, nós nos tornamos totalmente responsáveis por ela. Mesmo que tenhamos muitas outras coisas para fazer (provavelmente a razão pela qual queríamos delegar), temos de reassumir a tarefa, pois, provavelmente, ninguém estará disposto a nos ajudar.

A quinta e última armadilha é quando não delegamos suficiente autonomia ao delegado (ou seja, não confiamos). É aqui que temos de resistir à tendência de mostrar o quanto estamos no comando. Em vez de responder aos que vêm até nós para perguntar algo sobre essa tarefa, devemos dizer-lhes claramente que devem tirar sua dúvida com o responsável pelo projeto.

Autoavaliação **da equipe**

Este questionário pode ser utilizado para avaliar honestamente o progresso da equipe em um período de seis meses. Peça a todos os membros da equipe para respondê-lo. Uma vez recolhidas todas as pontuações, os valores totais podem ser calculados. Após três meses, aplique o questionário novamente para ver se houve uma melhora.

ASPECTO	NOTA 1-10
1 Quão clara é a contribuição de cada um para atingir os objetivos da equipe?	
2 Quão claros são os papéis de cada um?	
3 Quanta confiança existe entre os membros da equipe?	
4 Quão comprometidos são os membros com os acordos da equipe?	
5 Qual o nível de colaboração durante o trabalho em conjunto?	
6 Comunicação constante entre os membros da equipe.	
7 Os resultados são bem avaliados?	
8 A rapidez com que a equipe consegue mudar as táticas e estratégias quando necessário.	
9 Nível de tolerância da diversidade.	

continua

continuação

10 A atitude e o comportamento do líder para com a equipe.	
11 A atitude e o comportamento da equipe para com o líder.	
12 A resposta da equipe em situações de crise.	

MÉDIA TOTAL (Somar todos os números e dividir por 12.)	

Resultados

1 a 4 Progresso inexistente

5 a 9 Progresso razoável

10 Ótimo progresso

...

Respeito

Respeito

Não perca mais tempo discutindo
como um homem bom deveria ser. Seja um.
Marco Aurélio

Quando vim ao Brasil pela primeira vez, em 1979, estava com US$ 200,00 no bolso e muito entusiasmo e autoconfiança. Não falava nada de português a não ser "bom dia". A meta era estabelecer a primeira filial da Universidade Espiritual Mundial Brahma Kumaris[13] na América Latina. Um contato preparou uma sala nos fundos de um escritório de advocacia em São Paulo e ofereceu acomodação inicial de três meses. Havia um desafio a mais – como voluntário tinha apenas o desejo de servir as pessoas, eu não podia ganhar dinheiro com essa atividade. Mas a verdade é que eu não tinha nenhuma preocupação. Já tinha aberto uma escola Brahma Kumaris na minha cidade natal, Sydney, na Austrália, com base em quase nada e me sentia preparado.

13 Disponível em: <http://www.bkumaris.org.br>.

Eu mergulhei na tarefa com mais dedicação do que *know-how*. Pouco a pouco, pessoas interessadas em aprender a meditar e melhorar sua qualidade de vida começaram a cooperar para sustentar o progresso do trabalho.

Certamente devo ter cometido inúmeros equívocos. Hoje, trinta anos depois, já contamos com mais de cem centros de meditação em toda a América do Sul nascidos dessa origem tão humilde. Recentemente, me perguntaram que lição aprendi nesse período. Eu respondi: "Se quisermos que as pessoas que lideramos cooperem conosco de coração, é crucial não só ganhar seu respeito mas mantê-lo com uma atitude sempre apreciativa. Se não, tudo se torna mais difícil. Conquistar o respeito dos outros é mais fácil na teoria do que na prática".

Muitas vezes nessa jornada, especialmente no começo, eu não estava completamente certo sobre o que fazer. Recebi uma orientação inicial: "Sempre coloque as outras pessoas em primeiro lugar. Seu progresso depende de ajudá-las a progredir. Estabeleça uma base forte, mas permaneça livre para poder viajar ajudando os novos lugares que surgirão". Confesso que nem sempre consegui seguir essa instrução 100%, mas ela tem sido o principal norteador da minha vida até hoje.

Ocupo meu tempo levando esperança para aqueles que por alguma razão a perderam. Para sustentar esse trabalho, entrei no mundo da consultoria nas áreas de desenvolvimento organizacional e execução estratégica, o que nunca passou de um caminho de apoio para meu propósito de vida. Quando muito jovem, pude perceber que meu principal negócio era entender a vida e compartilhar minha aprendizagem com outros. Entendi nas profundezas da alma a relação entre ter um senso claro de propósito e vivê-lo, a experiência do autorrespeito que isso me proporciona e a disposição natural de respeitar outros.

Listas

Como foi dito no começo do livro, não acredito muito em listas de qualidades que precisamos desenvolver para nos tornarmos seres humanos melhores. Mesmo assim, no topo de qualquer lista de valores essenciais de um líder está o respeito.

Descobri um site[14] que transforma blocos de texto em "nuvens" que relacionam a frequência das palavras ao tamanho da fonte. Quanto maior a fonte, mais vezes a palavra ocorre no texto.

Por curiosidade, selecionei pelo menos cem textos de sites sobre liderança ou qualidades de líderes que eu tinha gravado no meu computador, passei para o programa que cria uma lista de frequência de palavras e ele selecionou apenas as virtudes ou valores. Finalmente, submeti a nova lista ao site mencionado e ele gerou a seguinte nuvem de cinquenta valores:

14 Disponível em: <http://tagcrowd.com/>. O site não consegue trabalhar com acentos nas palavras, no entanto, na Figura 2, as palavras são apresentadas com os acentos para conforto do leitor.

FIGURA 2

ágil apreciação assertividade autoconfiança autodisciplina competente compreensão compromisso comunicação confiabilidade confiança conhecimento consistência coragem criatividade cuidado decisivo dedicação desempenho determinação diálogo entusiasmo escutar ética flexibilidade honestidade humildade humor imparcialidade iniciativa inspirador integridade inteligente juízo justiça lealdade liderança maturidade motivado organizado paixão percepção propósito respeito resultados visão vontade

Vemos que "respeito" é a palavra em corpo maior pois é o valor que ocorreu mais vezes nos textos. "Confiança" está em segundo lugar e "resultados", em terceiro. Sei que esse exercício tem pouco valor científico, mas pelo menos para mim confirmou algo em que sempre acreditei: o respeito é o valor mais imprescindível de um líder. É impossível criar um ambiente de confiança sem respeito. Igualmente, sem confiança e respeito, como seria possível conseguir os resultados esperados de um líder? Sem produzir resultados práticos, a conversa sobre ser um bom líder é meramente acadêmica.

A palavra "respeito" vem do latim *respicere*, que significa "olhar de novo ou olhar por trás". Implica examinar uma situação ou pessoas de maneira especial, com mais profundidade. No sentido das capacidades de liderança mencionadas na Figura 2, o respeito se torna a chave para tudo o que está na lista.

Olhar **por trás**

O exercício de olhar o que as pessoas são além de sua aparência é muito gratificante. Sempre temos algo em comum e que se torna a base da comunicação ou da interação. Com isso, as coisas tendem a fluir mais suavemente. Isso não significa que temos de gostar delas, mas que o respeito básico é uma ótima base não só para a formação de equipes sólidas, mas para o sucesso de qualquer relacionamento. Observe o seguinte modelo:

FIGURA 3

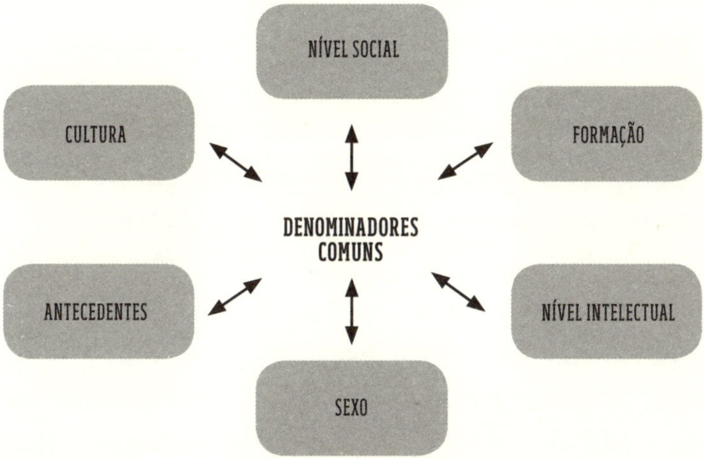

Nós podemos ser facilmente enganados se a nossa atenção só focar a origem social ou cultural das pessoas, sua qualificação acadêmica, quanto elas são espertas, se são homens ou mulheres ou o que eles fizeram ou deixaram de fazer no passado. Por trás de todas essas camadas o que existe é um ser humano com aspirações e até mesmo percepções semelhantes às nossas. O que a maioria de nós quer é compreender e ser compreendido, amar e ser amado. Com esses dois elementos, buscamos ser tão felizes quanto possível e evitar o sofrimento. Seria muito difícil encontrar alguém que está deliberadamente tentando ser triste. Mesmo que a pessoa seja masoquista, ela tenta ser feliz a partir de sua tristeza.

Ao abordar o ser que está por trás de todos esses diferentes elementos com essa compreensão, geramos respeito. Em outras palavras, não importa o que alguém fez ou de onde veio. Nem interessa quanto as outras pessoas têm nos falado mal dele. Devemos reservar a nossa própria opinião e nos esforçar para compreender o que move essa pessoa. Não vemos o que ela quer, mas realmente do que precisa.

Se alguém é incapaz de realizar uma tarefa, mas está disposto a aprender, criamos o tempo para ensiná-lo. Se alguém é capaz, mas não tem vontade, então fazemos um esforço para inspirá-lo. Se é incapaz e sem vontade, mesmo assim devemos conversar com ele, para ver se há alguma maneira de ajudá-lo a construir sua autoestima. Claro, se alguém está tanto disposto como capaz de fazer a tarefa, por respeito, tudo o que temos de fazer é colocá-lo na direção certa que ele fará o restante.

Autorrespeito e respeito

O respeito aparece em todas as listas de desejos de qualquer organização preocupada com o fortalecimento das relações não apenas internas, mas com os clientes externos e a sociedade em geral. Numa democracia, nenhum governo vai muito longe desrespeitando a população.

Não existe nenhuma receita para o respeito. Como tantas outras virtudes, o respeito nasce em nós mesmos. É o tipo de atributo que você não pode fingir, porque as pessoas são extremamente sensíveis a ele. É como pintar sorrisos nos caixas e fazer a propaganda sobre a excelência dos serviços de um banco. Ou então pendurar na parede de uma loja uma placa com os dizeres "Nós respeitamos os nossos clientes", mas abordar cada pessoa que entra no estabelecimento tentando vender algo de que ele realmente não precisa. Os vendedores, em geral, não olham para o cliente como um ser humano, mas como uma fonte da comissão que receberão se venderem o mais maravilhoso e recente lançamento de qualquer produto.

Na questão pessoal, é impossível construir o autorrespeito juntando os fragmentos e as cenas de respeito que temos com os outros. Infelizmente, estamos apegados a isto: "Eu fiz tanta coisa para essa pessoa e ela me trata assim!", "Dei tantas provas de respeito na minha relação com ela e ela continua a me ignorar!", "Fiz o melhor que eu poderia ter feito, e veja o que disse de mim!"

Se formos à caça de pequenas demonstrações de respeito deste e daquele na esperança de nos afirmarmos, nunca conseguiremos.

A sequência é esta: antes de tudo, temos de reconhecer em nós mesmos nosso real valor, o que nos torna únicos e especiais. Com isso, certamente seremos capazes de olhar por trás de como as pessoas parecem e ressoar com isso.

Em outras palavras, tanto quanto somos capazes de nos conhecermos e respeitarmos esse conhecimento, seremos capazes de dar respeito verdadeiro aos outros. Como respeitamos os outros, o retorno também é recíproco. Se, por outro lado, mendigarmos respeito e jogarmos o jogo do "Se você me respeitar, eu vou respeitá-lo", será somente isso – um jogo. Observe a Figura 4:

FIGURA 4

Certa vez eu estava dando uma palestra em Bolonha, na Itália, e perguntei à plateia se eles se consideravam especiais. Depois de trocar olhares reservadamente entre si, um a um eles levantaram a mão. Então perguntei por que eles se achavam especiais. Um senhor muito entusiasmado levantou-se e disse que era porque ele preparava uma boa macarronada. Todos riram porque Bolonha é, obviamente, famosa por isso. Então perguntei por que ele gostava de fazer o espaguete à bolonhesa. Ele respondeu que era porque adorava servir os outros. Então eu expliquei que, embora todos nós tenhamos talentos e habilidades, não são eles, necessariamente, que nos tornam especiais, mas a *intenção* ou o propósito por trás do que fazemos.

Assim, se pudermos compreender o que exatamente nos move a realizar as nossas ações, teremos grande chance de começar a construir o autorrespeito. Caso contrário, se apenas permanecermos orgulhosos dos nossos talentos e habilidades, poderemos até conseguir realizar alguns feitos, mas não inspiraremos o respeito no coração dos outros. Quando usamos o que temos de bom a serviço dos outros ou de um bem maior, o respeito é garantido.

O respeito gera **uma realidade diferente**

Nossos pensamentos geram a realidade que se forma à nossa volta. Evidentemente, isso não significa que criamos as pessoas ou os objetos, mas os relacionamentos que estabelecemos com eles. O nosso mundo se forma de acordo com os nossos valores, atitudes e ações. Se o respeito permeia essas bases, o mundo nos abraça e acolhe. Pense no melhor relacionamento que você já teve com alguém e entenderá o que quero dizer. Para construir relações, temos de entender o processo de autogestão.

Autogestão em **quatro passos**

AUTOCONHECIMENTO

O que acontece diante de mudanças inesperadas? Vivemos toda nossa vida realizando o mesmo trabalho de um jeito próprio e nossa autoimagem se baseia nessa série de tarefas e funções. Quando elas mudam ou sofrem um abalo, vivemos uma crise de identidade.

O senso de autoimagem tem de estar apoiado em valores inatos e duradores. Se não conseguimos identificar quem somos por trás de todas as máscaras e desenvolver uma experiência do ser como diferente daquilo que fazemos, estamos nos condenando para sempre a algum tipo de tumulto interno.

Quando falamos "eu", o que vem à mente? É o eu-profissional, o eu-pai-de-família, o eu-residente-de-tal-lugar, o eu-chefe, o eu-empregado? Às vezes, experiências traumáticas do passado nos mantêm acorrentados a ele de tal modo que o presente passa sem podermos aproveitá-lo plenamente. Às vezes, fraquezas que têm sido tocadas e reforçadas com frequência são tão marcantes que as qualidades inatas parecem permanecer irremediavelmente enterradas.

É essencial reservar um tempo diário para responder a quatro perguntas:

- Quem sou eu?
- O que sou eu?
- O que está acontecendo ao meu redor?
- Onde estou exatamente?

Se não estou internamente centrado e muito certo do que sou e qual é a base verdadeira dos meus poderes e virtudes, definitivamente ficarei perdido no furacão das mudanças.

Não é uma questão de aprender a evitar mudanças ou de encontrar um lugar seguro e cômodo onde possa ficar a salvo dos seus efeitos. De fato, não há um lugar onde posso me esconder. Onde for sempre estarei comigo mesmo.

O conhecimento sobre o funcionamento do ser interno é o início da reviravolta. Preciso conhecer profundamente os meus dois lados:

» O conjunto de **qualidades adquiridas** é o veículo pelo qual nos manifestamos no mundo. Elas representam o que **estou**.

» O conjunto de **qualidades inatas** representa o que **sou**.

A interdependência dessas duas partes é total. O externo depende do interno e o interno depende do externo. A compreensão do processo me leva a um passo ainda mais profundo.

AUTOCOMPREENSÃO — ENTENDENDO E APRECIANDO O EU

Por exemplo, depois de ouvir sobre as mudanças propostas na organização, eu penso em passar o fim de semana refletindo sobre o assunto. Domingo à tarde eu chego à seguinte conclusão: “Eu vou abraçar esse novo desafio. Mesmo que seja diferente de tudo o que eu tenho feito ultimamente, eu vou fazer as coisas de outro modo. É isso que os colegas esperam de mim”.

Até o almoço de segunda-feira eu provavelmente já terei esquecido da minha determinação. Mudar a forma como penso e, portanto, como trabalho não é tão simples quanto tomar a decisão de fazê-lo. Eu posso mudar de escritório, de roupa, de companheiros, de trabalho e de responsabilidades. Mas mudar as atitudes mentais não é tão fácil. Tem de haver entendimento e poder.

Há três aspectos principais que precisam ser desenvolvidos para poder lidar com as mudanças:

» Entender e apreciar o eu como algo que não é afetado pelas mudanças do ambiente externo.
» Desenvolver e manter constantemente aceso um poder interior que não apenas está ligado a forças externas, mas pode lidar com elas sem ser diminuído.
» Saber unir esses dois aspectos com o entendimento do eu e a experiência do poder para ser capaz de me gerenciar e ser um exemplo de liderança para os outros.

É a compreensão e a reflexão profunda que me levam ao estado de autoaceitação. Não apenas reconheço minhas virtudes principais que podem ser potencializadas, como também aceito meus defeitos. Eles não são intransponíveis: podem ser eliminados, ou melhor, sublimados.

Entendo a diferença entre virtudes e defeitos como a mesma que existe entre luz e escuridão. Enquanto a luz possui existência própria, a escuridão não a tem. Se quero remover a escuridão dos defeitos, não é produtivo gastar tempo e energia batalhando contra ela. Basta ligar a luz das minhas qualidades inatas.

Além do mais, compreendo como os defeitos se proliferaram dentro de mim, roubando minha capacidade de viver com eficácia, e como eles subsistem puramente porque não adotei a firmeza necessária para dar um adeus definitivo a eles.

Esse raciocínio possibilita manter um estado sólido de autorrespeito, não importando as circunstâncias que prevalecem à minha volta.

AUTORRESPEITO

Mudanças frequentemente são dolorosas. A reinvenção organizacional, por exemplo, muitas vezes implica uma mudança de quase 180 graus na forma de pensar e fazer as coisas. Aqueles que conseguem manter sua posição depois de a poeira assentar têm de aprender novas atividades e tarefas. Outros se veem sem emprego, alguns, sem possibilidade de empregar-se novamente.

Preciso lidar com tais transformações com uma grande dose de autorrespeito. Toda minha formação técnica pode não servir para desenvolver as atitudes exigidas pela nova situação. O que tem de ser feito no nível interno não é igual ao estudo e à aplicação de um fluxograma, por exemplo. É uma nova ordem de esforços que exigem acima de tudo coragem e paciência. Em algum momento a situação externa torna-se extremamente pessoal porque mexe com o apego aos nossos papéis, ideias, relacionamentos e o *status quo*.

Após fortalecer o autorrespeito, não posso simplesmente ficar "na minha". Necessito organizar as informações e as novas experiências de forma que consiga reformular a imagem e as funções que desempenho no palco do meu trabalho.

AUTO-ORGANIZAÇÃO

Ao encontrar as raízes da minha transformação em minhas qualidades inatas e passar pelo fortalecimento do autorrespeito, tenho de alinhar meu estado interno com as novas propostas que estou adotando para minha vida.

Antes a autoestima e o grau de contentamento com minha vida baseavam-se exclusivamente nas coisas que eu fazia: meu trabalho, minha posição, meu papel e a imagem que projeto aos demais. Ambos sofriam choques fortes constantemente. Minha estabilidade mental e emocional se encontrava dependente desses fatores. Por isso, muitas vezes era como estar à beira de um precipício.

Agora o dilema: o que eu tinha antes não existe mais e ainda não agarrei o novo futuro.

Se o meu papel é o de agente da mudança ou se tenho a responsabilidade de mostrar o caminho aos outros, é essencial encontrar dentro de mim bases mais sólidas e permanentes de atuação coerente.

A essência da **autogestão**

As reflexões anteriores podem ser mostradas de forma gráfica como no seguinte diagrama:

FIGURA 5

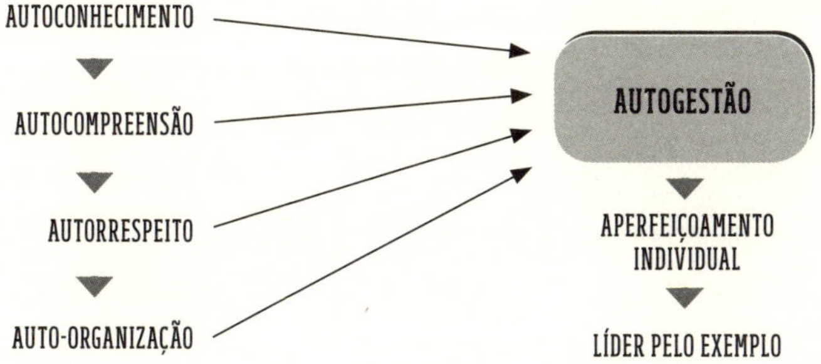

Os quatro pés da autogestão são construídos da seguinte forma:

O autoconhecimento dá detalhes sobre a minha verdadeira natureza interna. A autocompreensão permite-me aceitar o que eu sou e o que posso ser. A familiaridade com minhas qualidades inatas me leva ao autorrespeito. Isso, por sua vez, me dá vontade de começar a organizar ou arrumar a casa interna e fazer a faxina há tanto tempo esperada. Com esse equilíbrio construído de dentro para fora, começo a melhorar consideravelmente. O aspecto de liderança é uma consequência natural de todo o processo.

...

Reflexões para **um líder**

Autoavaliação – Respeito

Sente-se em um lugar tranquilo, com um bloco de notas à sua frente, e escreva o que vier à sua mente sem pensar. Depois, reflita sobre as respostas.

1. Como você gosta de ser tratado na convivência com os outros? (5 maneiras)
2. Como você não gosta de ser tratado pelos outros? (5 maneiras)
3. Você se esforça para perceber o que está por trás do empenho ou das ações dos outros? Se não, o que poderia fazer para melhorar essa percepção?
4. Que desculpas você dá com mais frequência quando um relacionamento não está bem?
5. Quais são as razões profundas por trás de seus talentos e habilidades? O que quer mostrar com a sua vida?
6. Você procura incluir novas pessoas nas iniciativas que conduz?
7. Quando os outros estão emitindo suas ideias, o que você realmente escuta?

Sente-se calmamente, concentre-se onde seus pensamentos estão sendo gerados. Imagine um local sutil a alguns centímetros atrás do meio da testa, entre os dois hemisférios do cérebro. Observe a sua própria vida. Analise como você se relaciona com as pessoas e as principais coisas de sua vida. Pegue uma folha de papel em branco, divida-a em duas colunas. Na coluna à direita, escreva o que você faz bem, até não conseguir pensar em mais nada. À esquerda, escreva o que você não faz tão bem. Observe como a coluna da esquerda pode ajudá-lo a aceitar a si mesmo e a se superar no que for preciso. Reflita sobre o significado desse exercício.

A arte do diálogo

A arte do diálogo

É necessário coragem para levantar-se e falar, mas também é necessário coragem para sentar-se e ouvir.

WINSTON CHURCHILL

VOCÊ JÁ RECEBEU UM TELEFONEMA DE ALGUÉM EXATAMENTE NA HORA MENOS OPORTUNA PARA FALAR? Você está no meio da preparação de um trabalho que tem de ser entregue no dia seguinte e olhando para as tarefas a cumprir, você prevê que precisaria de pelo menos mais dois dias para deixá-lo pronto. A pessoa do outro lado é um amigo de longa data, que você não vê já faz tempo. Ele diz:

– Olá, é o Jorge!

"Jorge!", você pensa. "Logo agora?"

– Como é bom ter notícias suas – você fala de forma pouca sincera. Apoiando o telefone no ombro, você continua digitando no seu computador. Jorge pergunta:

– Você está no escritório? Dá para ouvir o barulho dos teclados.

– É. Tem gente aqui – você rebate. – Vou pedir a eles que sejam mais silenciosos.

Você continua falando com o amigo por mais algum tempo até que finalmente você confessa:

– Podemos conversar amanhã? Hoje estou muito ocupado.

Nas duas semanas seguintes vocês tentam entrar em contato, mas não conseguem se falar. Finalmente, você recebe um e-mail que diz: "Sabendo que você escreve livros sobre liderança, eu queria saber o que você acha sobre a importância do diálogo no trabalho".

Assim você começa a pensar: "Que vida louca criamos... esquecemos que a nossa conexão com o mundo tem de ser real e não teórica".

A harmonia **do diálogo**

Quem já viu o documentário *Quem somos nós?* não esquece as brilhantes animações que mostram o que se passa dentro do sistema nervoso e do cérebro quando somos excitados ou perturbados por algum estímulo externo. Quando o ego encontra uma audiência, é tempo de festa para os neurônios. As ideias brigam entre si para poder organizar-se e tentam chegar por meio dos mecanismos apropriados à língua, que por sua vez deita e rola para formar palavras. Com o ego exaltado, saem frases que atropelam-se umas às outras como se fossem produzidas pelas pessoas mais astutas, sábias ou corretas do planeta. O discurso soa como música apenas nos ouvidos do falador, enquanto a audiência muda de canal. Isso se chama monólogo.

O diálogo já é outra coisa. Há uma tentativa entre as duas ou demais partes de produzir uma única música. Os "faladores" tentam harmonizar-se entre si no estilo de uma *jam session* entre instrumentistas amigos. Eu tive o privilégio de aprender a tocar violão e guitarra. Cheguei inclusive a tocar em uma banda e a gravar um CD de músicas com composições minhas[15]. Poucas coisas dão mais prazer do que tocar com outros instrumentistas em estilo livre, em que cada um procura escutar os outros, sentir realmente o que estão tentando expressar e adaptar-se às melodias ou harmonias dos companheiros. Assim, depois da intervenção maravilhosa de uma flauta ou do voo livre do teclado, você pode entrar com a sua oferenda de notas que tecem ainda mais o tema. São vários músicos tocando, mas o tema é um só.

O que é **diálogo**

Cada vez mais a liderança e a capacidade de dialogar são inseparáveis. A complexidade crescente mostra que opiniões unilaterais são totalmente insuficientes para apreciar as situações e as pessoas nelas envolvidas. O líder está bem, sua equipe está desanimada e a situação é uma grande oportunidade. O líder está bem, a equipe está com muita vontade de colaborar e a situação é uma ameaça. Enfim, se juntarmos o

15 *You can't write your name on the sun*. Londres: Brahma Kumaris, 2000.

estado interno do líder, os estados internos de todos os membros de sua equipe e as possibilidades das situações, temos um sem-número de ingredientes. Para criar sentido a partir desse caos, o mais importante é o que e o como falar. O fazer vem depois. "Dialogar", pelo seu significado grego, quer dizer "fluxo de significados". Em outras palavras, pela comunicação verbal construímos significados e, dessa forma, soluções. Isso está muito longe da prática comum de discussões, trocas de farpas e interações de ego que normalmente pautam as nossas reuniões. Não é, como muitos pensam, um intercâmbio diplomático ou "fazer um acordo". É uma busca genuína de soluções, uma convergência de ideias e expectativas.

O diálogo consiste em um conjunto de valores claros – a mente aberta que leva a escutar, a simpatizar e a compreender melhor os outros.

A filosofia de **Madre Teresa**

O que menos se parece com um diálogo é uma conferência. Sem pensar no tamanho da plateia, aqueles que têm a tendência de discursar sem escutar os outros continuam ao som de sua própria voz com muita facilidade. Frequentemente as conferências formais pouco agregam às soluções de que o mundo tanto precisa.

Um amigo meu participou de uma conferência sobre "Arquitetura e engenharia da mudança", no final dos anos 1980 em San Francisco, nos Estados Unidos. Muitos grandes oradores estavam presentes, incluindo Peter Drucker e Tom Peters.

No final da conferência, os organizadores pediram aos participantes que fizessem uma avaliação sobre a mensagem de maior impacto sobre eles e sobre seu comportamento a partir de então. Todos os palestrantes receberam notas altas, mas um deles atingiu um *feedback* fora de série. Um detalhe interessante é que essa pessoa nem estava na programação original. Era Madre Teresa de Calcutá. Como ela estava em San Francisco para as celebrações do 40º aniversário da Organização das Nações Unidas (ONU), pediram-lhe que transmitisse uma mensagem no final da conferência.

De acordo com o assunto da conferência, ela seria uma escolha improvável. O próprio título indicava onde era preciso se concentrar para trazer mudança – sistemas, estruturas e estratégias –, como se fosse possível mudar as pessoas da mesma maneira que se constrói uma ponte. Racionalmente, pensamos que podemos, mas na realidade são as emoções que governam as mudanças. A inteligência apenas as informa.

Após três dias ouvindo sobre a ciência da mudança, os participantes viram maravilhados essa baixa e frágil senhora subir ao palco e com uma voz muito suave começar a sua mensagem. Ela se desculpou por não saber muito sobre negócios ou gestão, mas disse poder oferecer alguns conselhos sobre como lidar com as pessoas.

O que ela disse, basicamente, foi o seguinte: “Então, vocês querem mudar as pessoas? Vocês as conhecem? Você as amam? Se vocês não conhecem as pessoas, se não as compreendem, não há confiança. Se não houver confiança, não haverá nenhuma mudança. Se não há amor no que vocês fazem, não haverá poder na sua gente. Se não houver poder, não haverá paixão. Sem poder ou paixão, ninguém vai correr nenhum risco".

Os participantes ficaram impressionados com a simplicidade e profundidade dessas palavras. Certamente, a fim de conhecer as pessoas, temos de ser capazes de observá-las sem prejulgamento. Para isso, precisamos ser capazes de observar e compreender a nós mesmos em primeiro lugar.

Outros valores importantes de alguém que sempre busca diálogo antes de partir para conversas unilaterais estão num poema pendurado na parede de um orfanato de Madre Teresa na Índia. Chama muito a atenção:

> Muitas vezes as pessoas são
> egocêntricas, ilógicas e insensatas.
> Perdoe-as assim mesmo.
>
> Se você é gentil, as pessoas
> podem acusá-lo de ser egoísta e interesseiro.
> Seja gentil assim mesmo.
>
> Se você é um vencedor, terá
> alguns falsos amigos e alguns
> inimigos verdadeiros.
> Vença assim mesmo.
>
> Se você é honesto e franco,
> As pessoas podem enganá-lo.
> Seja honesto e franco assim mesmo.

O que você levou anos para construir,
Alguém pode destruir de uma hora para a outra.
Construa assim mesmo.

Se você tem paz e é feliz,
As pessoas podem sentir inveja.
Seja feliz assim mesmo.

Dê ao mundo o melhor de você, mas isso
Pode nunca ser o bastante.
Dê o melhor de você assim mesmo.

Veja você que, no final das contas,
é entre você e Deus.
Nunca foi entre você e
as outras pessoas.

Investigação apreciativa

Meu batismo no mundo de diálogos apreciativos foi em 1998, quando eu trabalhava nas questões de liderança e de enfoque estratégico na empresa de alimentos Nutrimental no Brasil. Meu amigo David Cooperrider, que havia conhecido na sede da Brahma Kumaris algum tempo antes, iria conduzir um diálogo com a participação de todo o sistema da empresa - operários, administradores, técnicos, gerentes, fornecedores e clientes -, mais de mil pessoas durante dois dias num galpão enorme da própria fábrica. Devido à doença do pai, de última hora ele cancelou sua presença e o então presidente da empresa, Rodrigo Rocha Loures (atual presidente da Fiep), me convidou para conduzir o processo no lugar de David. Foi uma das experiências mais ricas da minha vida profissional. Cada mesa de dez pessoas tinha representantes de todas as categorias mencionadas anteriormente com dois objetivos:

1 Da parte da empresa – como podemos servir melhor?
2 Da parte dos clientes e fornecedores – como podemos criar um sistema ganha-ganha para todos?

O diálogo tinha o propósito de descobrir o que poderia dar uma nova vida ao sistema sem focar naquilo que não estava funcionando, dar forma a essas descobertas e desenhar planos de ação.

A metodologia utilizada, denominada Investigação Apreciativa, foi desenvolvida por David Cooperrider (da Case Western University de Cleveland, Estados Unidos) e Suresh Srivastva na década de 1980. A abordagem se baseia na premissa de que "organizações mudam na direção em que se investigam". Assim, uma organização que só investiga seus problemas continuará a encontrar mais problemas, mas uma organização que tenta compreender o que tem de melhor tende a descobrir saídas e soluções.

Um dos maiores benefícios desse processo de diálogos apreciativos é que são *open source*, ou seja, não cobram *royalties* para ser utilizados. Há muito material de consulta no portal <http://appreciativeinquiry.case.edu/>.

O processo é um diálogo participativo com a maior representatividade do sistema possível e que passa por quatro etapas, chamadas "modelo 4-D":

Discovery

FIGURA 6

Compartilhando histórias de sucesso, de relevância e de motivação, há a descoberta das experiências acumuladas pelo grupo. A troca de significado pessoal e grupal cria uma energia tremenda, bem como uma atitude de expectativa positiva em relação ao futuro a ser criado.

DREAM

Esta é a fase do sonho, em que os participantes são incentivados a descrever o futuro possível da organização ou de sua equipe, dando asas à sua imaginação sem pensar em barreiras ou obstáculos. Os diálogos dessas duas primeiras fases acabam liberando toda a criatividade e energia das pessoas para contribuir para o projeto da empresa ou nova organização.

DESIGN
O diálogo continua desenhando uma solução na qual as pessoas realmente estariam dispostas a participar e trabalhar.

DESTINY
Com base nas proposições provocativas de interesse e de entusiasmo, o destino final das novas linhas estratégicas é elaborado e iniciado.

Dicas para conduzir **conversas difíceis**

No diálogo, é preciso harmonizar-se com as frases e os sentimentos dos outros de forma sincera. Como ele tem natureza exploratória, os participantes podem ir além de seus preconceitos individuais e coletivos, superar o pequeno círculo de suas ideias, crenças e sentimentos, e encontrar soluções não imaginadas. Mesmo que o assunto seja o fracasso de alguém, é possível falar sem destruir a pessoa que errou. Vai além do ataque e da defesa, da competição e do ciúme. A seguir, algumas dicas particularmente úteis para conduzir conversas difíceis.

1 | DESARMAR-SE
Fazer uma reflexão antes do encontro serve para tirar todos os nossos preconceitos em relação aos outros participantes. Certamente, se entramos armados até os dentes de todo tipo

de informação obtida de terceiros e prejulgamentos, a comunicação será dificultada. Se tivermos uma imagem fixa do outro na nossa mente e ele igualmente tiver uma de nós na sua, não haverá interação no nível do ser. Será apenas a interação entre duas imagens que poucas vezes são fiéis à realidade.

2 | EXPLORAR AS EMOÇÕES ANTES DE DAR UM CONSELHO

Uma das principais características de um bom líder não é só a capacidade de escutar, mas sentir em que espaço interno está o outro. Nos encontros formais periódicos de avaliação do desempenho com um membro da nossa equipe, com tempo adequado alocado para isso, devemos adotar as regras de diálogo e não as de discussão. Se for necessário chamar a atenção para algum déficit no comportamento ou nos resultados, o primeiro passo é perguntar como ele se sente pela situação.

Não devemos entrar "rasgando", dando conselhos ou tratando de solucionar o problema antes de escutar e demonstrar interesse pelo colaborador. Mantemos uma conversação saudável até percebermos que ele tenha expressado seus sentimentos verdadeiros. Só depois disso é apropriado voltar para o problema e tentar resolvê-lo juntos.

Isso requer muita paciência e prática, mas garante a continuidade do entusiasmo e da atenção do colaborador, apesar de estar recebendo um *feedback* não muito positivo. Se antes que ele termine de falar o interrompemos com palavras ásperas, não só perdemos a oportunidade de corrigi-lo, como, dependendo da linguagem utilizada, permitimos que ele se afaste de nós para sempre.

3 | NÃO FICAR PRESO AOS OBJETIVOS E AJUDAR A DESENHAR OS RESULTADOS

Quando for apropriado, ajudamos o membro da equipe a imaginar o produto de seus esforços como algo tangível. Se os resultados esperados não estiverem claros, podemos desenhar o produto final numa folha de papel e descrever os passos da ação para chegar lá. Na parte de trás da folha e com a ajuda dele, listamos os benefícios do produto para os usuários ou clientes e para a sua organização. Isso ajudará bastante a clarear as metas e gerar entusiasmo.

4 | MELHOR VALIDAR DO QUE CRITICAR

É sempre melhor deixar que os números ou resultados falem por si mesmos. Se os acordos de objetivos e metas foram feitos corretamente, as deficiências ou progressos serão óbvios. Eles falarão por si mesmos. Não é necessário reforçar com ironia ou ameaças: "Que história é essa? Você prometeu entregar cem e só conseguiu setenta? Isso não pode continuar!" O indivíduo já sabe disso porque está escrito na sua frente. É melhor perguntar a ele o que aconteceu para saber exatamente como produziu maus resultados antes de tomar uma decisão. Pode haver outros fatores, não considerados antes, para elucidar os fatos. Se houve avanços, devemos comemorá-los por menores que sejam. Se houve retrocesso, devemos descobrir junto do colaborador o que aconteceu.

5 | OBSERVAR O QUE DIZEMOS E ESCUTAR COM ATENÇÃO

Na questão das emoções, as palavras importam. Podem inspirar ou machucar. Se definirmos clara e explicitamente o que esperamos, temos grande chance de sucesso, não só no diálogo como também nos resultados. Não devemos usar uma linguagem vaga. Palavras equivocadas ou falta de clareza matam o entusiasmo.

Além disso, temos de tentar escutar o sentido por trás das palavras que o membro da equipe quer transmitir.

6 | NÃO ESQUECER QUAL É O PROPÓSITO DO PROCESSO

Qualquer processo sempre faz parte de algo maior, com o objetivo de mudar, melhorar e/ou inovar situações. Sempre há um propósito maior em tudo o que fazemos. Lembrar disso faz com que tudo volte aos eixos.

7 | ESTABELECER ACORDOS CLAROS, NÃO SIMPLES EXPECTATIVAS

Se existe uma boa prática de cocriação de acordos e decisões não há lugar para ambiguidades. Se as expectativas ficam apenas no ar sem ser plasmadas na realidade, há grande possibilidade de desentendimento e conflito.

8 | NÃO TENTAR DIRIGIR O QUE NÃO PODE MEDIR

Se qualquer objetivo cocriado é específico e mensurável, alcançável e acordado entre as partes, relevante e com seu prazo bem definido, a possibilidade de gerar confusão é minimizada. Sem a clareza quanto a esses elementos, é impossível gerenciar bem. Esses aspectos têm de estar claros no momento da elaboração dos objetivos.

9 | ENTENDER OS SEGREDOS DE UM DIÁLOGO BEM-SUCEDIDO

Lembre sempre as regras:

- Escutar mais do que falar.
- Tentar ver além das palavras.
- Permitir aos outros expressar-se livremente e sem medo.
- Ser autêntico.

10 | PONTO FINAL

Colocamos esse aspecto por último, apesar de ser o mais importante de todos. Chamamos "ponto final" porque vem da percepção de que tudo o que passou até agora já foi. Precisamos estar presentes para poder sentir e avaliar o que se passa em nós mesmos e com quem estamos reunidos. A única relevância do passado é ter nos ajudado a chegar até aqui. As sombras de ontem não devem afetar a luz de hoje.

Antes de qualquer encontro ou reunião importante, devemos aprender a criar um estado de observador desapegado para garantir um ambiente cordial e refletivo durante a conversa. O ideal é inspirar que os próprios participantes façam alguns minutos de silêncio antes de começar. Se não for possível, ao menos nós mesmos devemos fazer essa reflexão antes de tratar os assuntos.

Um exercício mental extremamente útil para nos ajudar a nos observar e a observar nossa vida sem nos perder em emoções e análises é nos tornar um observador desapegado. É o uso consciente do silêncio para escutar e observar os nossos pensamentos e sentimentos. Como observadores um pouco distanciados, somos capazes de reconhecer e compreender os nossos padrões de pensamento e hábitos, a mudança de padrões dentro de nós mesmos, bem como livrar-nos do controle de velhos hábitos e padrões. Aprender a "observar" em silêncio ajuda-nos a enxergar as coisas de forma diferente e permite-nos ler as correntes por trás de circunstâncias físicas e cenas, bem como ter uma noção do real significado dos outros e das situações, independentemente de como parecem ser.

Este é um exemplo dos pensamentos que podemos usar para criar uma experiência de observador desapegado:

Em primeiro lugar, sente-se confortavelmente e deixe o corpo relaxar... Traga a sua atenção de volta de todas as diferentes direções, de volta ao presente, para o momento... Deixe sua mente descansar da produção de uma grande quantidade de pensamentos... Você não precisa de todos esses pensamentos agora... por um momento, deixe-se ser livre... somente no agora, no momento... Imagine que você está sentado em uma cadeira muito confortável no meio de uma pequena sala vazia ... A sala é muito silenciosa... muito calma... muito calma... Na sua frente estão duas grandes janelas... Através delas você pode ver o mundo lá fora... Hoje o vento está soprando e as pessoas estão se inclinando para andar com o vento... as árvores estão balançando e acenando seus ramos... Aqui nesta sala, neste momento, tudo é silencioso, calmo e quieto. Neste quarto silencioso, você é capaz de observar os acontecimentos do mundo como um observador desapegado... Agora imagine que essa sala está realmente dentro de sua mente, a alguns centímetros atrás do meio da testa, e as duas janelas são os olhos para ver o mundo exterior... Esse é o estado de ser apenas um observador... Você não pensa no passado... nem no futuro... está completamente presente no AGORA... Fixe-se no agora... no ponto onde o futuro e o passado se encontram... Você olha para fora através das janelas dos olhos e ouve por meio dos ouvidos... Você é aquele que observa silenciosa, poderosa, pacificamente...

...

Reflexões para **um líder**

Eis algumas questões para refletir sobre os comportamentos importantes na arte de dialogar:

» Você é capaz de expressar suas ideias de forma clara e convincente?
» Quando você pensa que alguém não tem a informação certa, você o interrompe antes de lhe dar chance de terminar o que está dizendo?
» Você dá *feedback* construtivo para ajudar os outros a melhorar seu desempenho?
» Você pede a opinião dos outros quando não tem certeza sobre alguma coisa?
» Você comunica as conquistas da sua equipe aos outros?
» Você considera o impacto de seu comportamento nos outros?
» Você consegue identificar o que cria as atitudes de longo prazo das pessoas?
» Você consegue identificar pela linguagem corporal como as pessoas estão se sentindo?
» Você geralmente trata as pessoas com dignidade e respeito?
» Você é uma pessoa acessível?

Lidar com mudanças

Lidar com mudanças

A menos que você esteja preparado para desistir de algo valioso, nunca será capaz de mudar realmente, porque estará sempre sob o controle das coisas das quais não consegue desistir.

Andy Law – Creative Company

Outro dia assisti a um clipe no *Youtube* intitulado *Did you know?*[16], que continha a seguinte charada:

Qual é o nome deste país?

- O mais rico do mundo.
- O maior exército.
- Centro mundial de negócios e finanças.

16 Disponível em: <http://www.youtube.com/watch?v=pMcfrLYDm2U>.

» Melhor sistema de educação.
» Sua moeda é o padrão mundial.
» Melhor qualidade de vida. A resposta é[17]...

Esse clipe também informava que em dez anos o país com o maior número de pessoas falando inglês será a China. Quem imaginaria isso há quinze ou vinte anos? O Ministério do Trabalho dos Estados Unidos estima que os egressados das universidades de hoje terão entre dez e catorze empregos diferentes até completar 38 anos de idade. Algumas das matérias principais estudadas hoje nas universidades não existiam há quinze anos – como agricultura orgânica, nanotecnologia e *e-business*. Mesmo que todas essas informações não fossem verdadeiras, ninguém duvida que estamos vivendo numa época de mudanças alucinantes.

No mundo de hoje, até a própria natureza das mudanças está mudando. Elas podem ocorrer em um piscar de olhos. Uma economia pode cair como aconteceu com a da Grécia. Um ataque terrorista pode levar a uma guerra. Uma transferência de governo pode ser acompanhada de sequelas de um dos terremotos mais fortes da história, como vimos no Chile no começo de 2010. Um vulcão pode entrar em erupção e suspender os voos da Europa por quase uma semana.

Até as percepções mudam. Na semana de caos no tráfego aéreo da Europa por causa do vulcão Eyjafjallajoekull, na Islândia, eu estava num dos tradicionais congestionamentos de trânsito em São Paulo escutando rádio. O radialista

17 Grã-Bretanha no ano de 1900.

declara: "Estão vendo: só porque os seres humanos não conseguiram chegar a um acordo em Copenhague sobre o clima, a Mãe Terra resolveu dar o troco. O vulcão expeliu em um único dia a mesma quantidade de poluentes que 100 milhões de carros!" Ainda que em tom de brincadeira, cada vez mais pessoas estão suspeitando de que esses acontecimentos não são atos de Deus, mas consequências da maneira como vivemos.

Dessa forma, temos duas opções: aceitar a mudança como uma oportunidade, ou rejeitá-la como um perigo inconveniente.

O desafio para um líder é traduzir e explicar as mudanças à sua equipe.

Primeiro, é preciso entender o que significa ter uma visão do todo e aprender a responder a isso.

Pressões **fatais**

Há um turbilhão de atividades e responsabilidades que operam sem parar. As pressões e os estímulos que vêm de fora exigem respostas adequadas. Elas chegam na forma de situações isoladas ou conectadas umas com as outras. Se nossa capacidade de responder às exigências dos relacionamentos, do trabalho, do estudo ou mesmo da poluição ou tumulto que enfrentamos no caminho entre nossa casa e o trabalho não for adequada, a probabilidade é de cairmos, desmoronarmos ou implodirmos.

A implosão pessoal toma a forma de depressão, estresse, sofrimento ou confusão. Lidar com tantos aspectos do âmbito pessoal de forma efetiva é o desafio de um líder. Ele precisa ter a capacidade de criar e preservar um estado de tranquilidade e prontidão para agir apesar do turbilhão. Além disso, ele precisa transmitir segurança para as pessoas que dependem dele.

Aprendi isso quando ainda era estudante. Eu estava à frente de um grupo de ativistas radicais contra a guerra no Vietnã. Muitos jovens australianos que na época prestavam o serviço militar foram enviados ao campo de batalha para ajudar os norte-americanos (muitos deles morreram). Eu escapei ao chamado porque tinha quebrado o fêmur alguns anos antes. Um amigo não teve tanta sorte e foi ver os horrores da guerra com apenas 20 anos de idade. Num período de retorno à Austrália, perto do fim da guerra, ele sofreu um grave acidente de carro e não precisou voltar ao Vietnã. Mas ele me contou como eram as emboscadas armadas pelos vietnamitas em meio à floresta.

Todos sabemos que o resultado dessa desastrosa guerra não foi bom para os Estados Unidos e seus aliados. Ficou claro que as formas convencionais de combate utilizadas pelos norte-americanos (e aliados) não tinham nenhuma relevância na selva vietnamita. A aplicação de força, comando, controle, tecnologia e armas não servia para nada quando instalados nas densas florestas. Eu fui a Vietnã em 2007 e visitei o museu de guerra em Hanói. Durante a visita, o guia explicou que os norte-americanos usaram cerca 45 quilos de explosivos para cada habitante, e que o país ainda tinha quase 2 milhões de mutilados de guerra! Mesmo assim, os invasores perderam. Quase no final da guerra, deram-se conta de que a maneira de organizar os soldados em patrulhas também era uma catástrofe.

Descobriram que os pelotões de soldados não sabiam o que estavam fazendo apesar de ser altamente disciplinados, controlados e treinados. Tinham equipamentos fantásticos, mas quando caíam nas emboscadas tudo mudava. O número de soldados que estavam sendo aniquilados em emboscadas foi o que mais contribuiu para as baixas americanas e de seus aliados. A triste verdade é que grande parte deles não foi assassinada pelos vietnamitas, mas por eles mesmos.

O que vemos nos filmes é que quando alguém está sob ataque a primeira atitude é agachar ou se lançar ao chão para se proteger. Nesses chamados *killing fields* (campos de matança), os vietnamitas se organizaram justamente para isso. Não havia nenhum lugar seguro, nenhuma saída. Os comandantes vietnamitas perceberam que, na necessidade de encontrar uma saída imediata, os soldados ficavam desnorteados e entravam em pânico. Na confusão, os soldados atiravam a esmo e assim acabavam matando seus próprios colegas.

Muitos anos depois, quando já era consultor, eu associei esse exemplo forte a nossas reações diante das imensas pressões da vida. Na emboscada existencial, quando alguém está prestes a perder seu emprego, o casamento está terminando, os filhos estão envolvidos com drogas, ou não tem mais a saúde de antes, sente um medo tremendo!

Já vimos certos "líderes" que, ao perder o controle, real ou imaginário, fazem loucuras jogando as regras da liderança pela janela e agindo exatamente como os soldados no Vietnã - saem atirando para todos os lados sem pensar nas consequências. Um verdadeiro líder não perde a cabeça com tanta facilidade. Entretanto, ele precisa compreender bem como funcionam as coisas para não apenas lidar com as mudanças, mas também transformar-se e ajudar na transformação de outros. Sem entender isso, ele não pode começar a consertar a situação. Para consertar um motor, precisamos saber como ele funciona ou pelo menos ter uma noção de como foi construído. Então, se queremos alterar um processo que se perpetua dentro ou fora de nós, temos de começar a entender um pouco mais sobre como o todo funciona.

Começamos com uma explicação simples de sistemas vivos.

Pressões **e relacionamentos**

O diagrama a seguir mostra essa dinâmica e revela um dos princípios básicos da visão sistêmica — **o comportamento de qualquer sistema é sempre o mesmo**. Pode ser uma célula ou uma galáxia, uma família de cinco membros, um pelotão de soldados, uma empresa com cinco departamentos, um país com cinco estados ou mesmo um indivíduo com cinco vícios ou virtudes. O círculo maior representa qualquer processo e os menores são os seus componentes.

As pressões que vêm de fora influenciam os relacionamentos internos de qualquer processo, que por sua vez influenciam as pressões. Elas são absorvidas, reduzidas, aumentadas ou modificadas. Se os relacionamentos internos se tornam tão fracos a ponto de não resistir às pressões externas, o sistema não tem outra alternativa a não ser implodir. Os exemplos são muitos - brigas internas inviabilizam o crescimento de uma empresa, conflitos num congresso impossibilitam a continuação de um governo, o mau funcionamento de alguns órgãos vitais do corpo rouba a força do sistema imunológico, a pessoa contrai um vírus e morre.

Vamos tomar dois exemplos para ilustrar isso — o processo *organização* e o processo *indivíduo*.

FIGURA 7

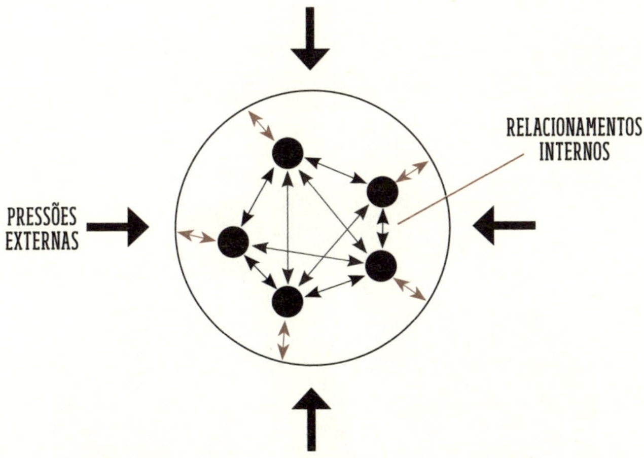

O processo **organização**

Há três pontos fundamentais mostrados na Figura 7 que precisamos compreender em relação ao processo *organização*:

1 As pressões criadas pelos fenômenos e pelas tendências externas de mercado de novas legislações etc. desencadeiam reações internas que afetam a estabilidade de departamentos, equipes e indivíduos.

2 As leis de sistemas indicam que o caos no nível macro, que pode parecer aleatório, é de fato altamente organizador e estruturante para o bem ou para o mal. Tudo isso volta a interagir com o caos externo.

3 A sinergia interna dos relacionamentos interpessoais e interdepartamentais pode dificultar ou facilitar a organização em responder adequadamente aos seus desafios.

OS VENTOS DAS TENDÊNCIAS ATUAIS

O primeiro ponto, quando visto de acordo com a Figura 8, deixa muito claras as interdependências do sistema.

FIGURA 8

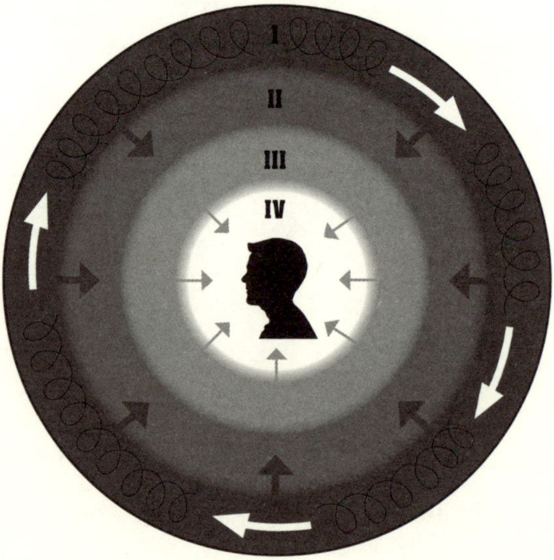

Basicamente ele mostra que mudanças no nível global produzem um efeito em cascata. Os governos correm para acompanhar e responder à mistura potente de possibilidades decorrentes da própria complexidade do mundo. Mudanças de governos e de políticas têm de ser absorvidas pelas organizações públicas e privadas, que por sua vez sofrem alterações de lideranças, exigências de acionistas etc. As mudanças nos três primeiros níveis acabam afetando a composição e a construção de departamentos e equipes. Tudo isso acaba desembocando na vida dos indivíduos. Pode ser que Joãozinho ou Mariazinha (que é cada um de nós) não entendam as profundezas da macroeconomia e outras coisas maiores, mas sua vida certamente é afetada por todas elas.

Vemos em mais detalhes a seguir:

NÍVEL DE MUDANÇAS	EXEMPLOS
I • Global	Globalização, concorrência, clima, tensão social, Estado, economia mundial, desastres naturais, guerras.
II • Os governos	Nova legislação, impostos, projetos nacionais, alianças com outros países.
III • As organizações	Novas estruturas, reeducação profissional, avalanche de informações, competitividade, novas tecnologias.
IV • Pressões nos departamentos e nas equipes	Reorganização, trabalho em equipe, metas, objetivos, relacionamentos.
O indivíduo se prepara para responder às pressões	Ser, trabalhar e preparar-se melhor, sobrecarga de trabalho e de informações, prazos, resultados.

A ORDEM NO CAOS

Eu tenho um protetor de tela em meu computador que desenha fractais de maneira aleatória. Eu fico fascinado com a beleza das imagens que retratam o próprio caos visto a certa distância. O polonês Benoit B. Mandelbrot desenvolveu a chamada geometria de fractais após estudar as pequenas e grandes flutuações nas bolsas de valores, o movimento turbulento de fluidos e até a distribuição das galáxias. Quando seu trabalho foi aplicado ao campo de computação gráfica, descobriram um fenômeno inesperado. Quanto mais os elementos básicos aumentam, mais sua imprevisibilidade aumenta, até que passa a dominar as formas desenhadas. A própria imprevisibilidade se torna o elemento de estabilidade no desenho!

Podemos interpretar esse fenômeno matemático com um pouco de licença poética. Do ponto de vista de alguém ou algo que está dentro de um furacão sendo levado pelos ventos, a experiência é uma. Visto de fora a uma boa distância, o mesmo furacão tem uma beleza impressionante. Além disso, ele é altamente organizado e organizador.

Por isso, devemos ver o lado bom dos fenômenos macro que assolam o mundo de organizações e indivíduos. Estamos cansados de saber que mudanças fundamentais na nossa forma de pensar e agir estão sendo exigidas. Mas o lado positivo de tudo isso é que as diversas crises que são imprevisíveis em grande parte têm o efeito de forçar o que é bom e positivo a sair de dentro de nós.

Se observamos toda a lista de mudanças e instabilidades pelas quais o mundo já passou e as pressões provocadas, é possível ficar com muito receio em relação ao futuro da humanidade. No entanto, o próprio turbilhão poderá produzir, a médio e longo prazo, um mundo bem melhor que aquele em que vivemos. As sementes dessa possibilidade também existem. É imprescindível enxergar o grande quadro do mundo e as tendências do começo deste milênio para entender o pequeno mundo da organização e o micromundo do indivíduo.

Por outro lado, o foco tem de estar no indivíduo, que é o ser consciente da história e a sua figura central. Sua transformação em relação aos valores internos necessários para um mundo melhor é inevitável, e acontecerá de uma maneira ou de outra.

A SINERGIA INTERNA

Há sempre três cenários possíveis tanto para organizações como para indivíduos:

» Crescimento.
» Estagnação.
» Retrocesso.

Em qualquer um dos três, quando as pressões externas são maiores que a soma das energias internas, surgem as dificuldades. O que rouba a capacidade de uma organização de prosperar com o crescimento e nos momentos de estagnação e de resistir aos efeitos do retrocesso é o estado dos relacionamentos internos da empresa. Conflitos interdepartamentais e interpessoais, jogos de poder, arrogância, apego ao passado e outros fatores bastante humanos já acabaram até com países, quanto mais com organizações! Uma das razões das tantas invasões da Polônia ao longo de sua história é que o país tinha um comitê de nobres que quase nunca conseguiam chegar a um acordo sobre nada. Mas não é só conflito: o outro inimigo interno é a ignorância.

Quando eu trabalhava com o tema "Qualidade e melhoria contínua", tomava como ponto de partida que uma empresa sem política consciente de qualidade, de melhorias e de sintonia com o mercado poderia estar perdendo entre 30% e 35% do seu faturamento em desperdício de material, mão de obra, dinheiro, tempo e talentos (no serviço público essa estimativa pulava para 50% a 60% da verba disponível). O retrabalho e a rotatividade também contribuem para o desperdício. Porém, esses valores são calculáveis. E a questão dos relacionamentos internos da empresa? Quanto tempo, dinheiro e energia se perdem pela exaltação de egos e seus derivados?

É necessário entender a sinergia dos relacionamentos e sua grande contribuição ao ajudar uma organização a ficar de pé quando outras estão desmoronando. Se existem nós emaranhados pelo corporativismo, pela cultura de desconfiança, pela falta de visão ou de planejamento à altura dos desafios, a probabilidade de um óbito organizacional é grande.

Como já foi dito, o que acontece no nível de uma organização ocorre também com o indivíduo.

O processo **indivíduo**

Assim como o processo *organização*, o processo *indivíduo* também desencadeia uma série de pressões e reações por parte dos seus integrantes. Hoje em dia, além do efeito específico do trabalho, temos de lidar com novas situações que são fruto da convivência com os diversos aspectos do nosso mundo particular.

...

Reflexões para **um líder**

Observe o seu próprio processo. Coloque a palavra "eu" no centro de uma página em branco. Descreva cinco a seis cenas mais importantes de sua vida no momento e observe o papel com se estivesse na última fileira de um teatro assistindo a uma peça. O nome da peça é: *Eu e meu mundo*.

A habilidade de observar a si mesmo é uma propriedade singular do ser humano. Você consegue ver os seus atos e palavras na correria de atender a todos os estímulos que vêm de fora. Pode inclusive observar seus próprios pensamentos! Essa é uma das maiores descobertas e o primeiro passo no caminho da autotransformação. Se você consegue observar os pensamentos, você não é eles! **Você é quem cria os pensamentos – o pensador!**

Uma vez definido que a figura central no seu mundo é você, é possível, após uma reflexão mais profunda, concluir algumas verdades interessantes. Elas formam uma sequência:

1. O estado do seu mundo depende de seus atos e de suas palavras, que dependem, por sua vez, do seu estado interno.
2. Seu estado interno depende da qualidade de seus pensamentos.
3. Você cria seus pensamentos (ninguém mais entra na sua mente para colocar pensamentos).

4 A habilidade de responder (responsabilidade) adequadamente às exigências das situações provocadas pelos diversos componentes do mundo externo é apenas sua.
5 Respostas adequadas tomam a forma de valores como paciência, tolerância, determinação e amor.
6 Você precisa arregimentar seus componentes internos – mente, intelecto, personalidade – para preparar as respostas adequadas.

O bom de tudo isso é que quanto mais entendemos o que somos e como funcionamos mais entendemos como interagir com os outros. Eles não são tão diferentes como imaginamos.

Viver a apreciação

Se eu tivesse que resumir a essência deste livro em uma palavra, provavelmente empregaria o termo "apreciação".

O líder é alguém que faz os outros se sentirem valorizados. Quase todas as pessoas respondem de forma positiva ao reconhecimento verdadeiro do seu valor. A maioria de nós já passou por situações na vida profissional em que sentimos nosso desempenho não ter sido apreciado da forma que gostaríamos, ou pior: vimos outra pessoa receber o reconhecimento por algo feito por nós.

No topo da pirâmide da hierarquia de necessidades humanas de Abraham Maslow[18] encontra-se a *autorrealização*, descrita por ele como "o desejo de se tornar cada vez mais o

18 A *Theory of Human Motivation*, publicado pela primeira vez em *Psychological Review*, v. 50, n. 4, pp. 370-396, 1943.

que se é, tornar-se tudo o que é possível ser". Todos estão neste jogo, especialmente no contexto do local de trabalho. Como líderes, podemos alimentar esse impulso natural de nossos colaboradores demonstrando preocupação e valorização quando devido, ou, ao contrário, podemos bloquear esse impulso e, assim, conseguir apenas tornar tudo mais difícil para eles e para nós mesmos.

Em um artigo publicado no site da Workforce[19], o guru de *management* dr. Bob Nelson afirma:

> Diversos estudos mostram que o elogio e o reconhecimento motivam os colaboradores a fazer seus melhores esforços e a desempenhar os seus papéis a níveis mais altos. Tirar o máximo proveito dos empregados é, acima de tudo, um produto do lado "suave" da gestão – como as pessoas são tratadas, inspiradas e reconhecidas. As pessoas querem sentir que estão contribuindo, e para a maioria delas isso é percebido em função do respeito de seus pares e colegas, de ter gerentes que digam o quanto eles fazem um bom trabalho, além de ser envolvidos e informados sobre o que está acontecendo em seu departamento ou organização.

No mundo dos negócios, devido à volatilidade do mercado, as pressões da concorrência, bem como dos acionistas e muitos outros fatores como a obsessão por resultados financeiros, tornaram-se o mais importante. Independentemente do modo como vemos este fato, se não mostrarmos resultados práticos do que queremos alcançar, qualquer

19 "The Ten Ironies of Motivation". Disponível em: <http://www.workforce.com/archive/feature/22/17/36/224206.php?ht=>.

outra coisa é meramente acadêmica, apesar das nossas teorias e metodologias fantásticas. No entanto, o fator crucial residirá sempre em como manter nossa equipe engajada a ponto de contribuir de forma feliz e significativa para os resultados. A chave que desencadeia a cooperação das pessoas é a medida com a qual demonstramos nosso apreço por seu trabalho e sua dedicação, e como e quando o fazemos.

Aqueles que desejam a glória podem chegar ao sucesso em curto prazo, mas nenhum líder pode ser assim considerado sem ter consigo uma equipe de sucesso. Um general que sobrevive em um campo de batalha, com todos os seus soldados mortos e feridos em torno dele, pode ser considerado um herói, mas definitivamente ele não será considerado um bom líder.

Embora mantenhamos nosso olhar nos indicadores-chave de desempenho e nos números, temos de ser muito bons ao medir as coisas subjetivamente – como estamos com nossa equipe, quanto realmente há de confiança, o quanto o respeito é parte dos princípios de funcionamento básico entre nós e quão facilmente o diálogo flui. A apreciação reúne todos estes fatores.

Muitos dos problemas que surgem nas relações profissionais, provavelmente, não existiriam se prestássemos atenção nas regras básicas de cortesia para lidar com os outros – dizer bom-dia, perguntar como foi o fim de semana, como está a saúde da esposa ou do marido, e ser apreciativo do seu trabalho e da sua vida. Agir dessa forma não significa necessariamente termos de gostar pessoalmente daqueles que trabalham conosco; significa apenas mostrar respeito. Ao nos engajar com as pessoas no nível humano e natural, não somente garantimos a melhor comunicação, mas também ganhamos o respeito que os fará dar mais de si mesmos. Essa interação constitui também a oportunidade para medir o estado de saúde mental e emocional daqueles de quem dependemos para obter resultados.

Recentemente, eu conduzi um curso sobre como liderar equipes de alto desempenho para uma grande empresa de telecomunicações do mundo, em sua universidade corporativa. A maioria dos participantes provinha de meios técnicos, bastante pragmáticos e diretos em sua abordagem de trabalho. Apesar de eles já conhecerem as definições básicas de equipes de alto desempenho, a realidade era que havia sérios problemas de relacionamento. Isso porque faltava a capacidade básica de apreciar as diferenças e as especialidades das pessoas que faziam parte das equipes.

Esta é uma verdade fundamental: cada um de nós é irrevogavelmente diferente de qualquer outro ser humano. Nossa mente pensa de maneira peculiar, nosso intelecto processa as coisas de formas distintas, os traços de nossa personalidade se revelam de forma única. Sabemos, decidimos e agimos de acordo com nosso próprio pensamento, sentimento, experiência e conhecimento. Na essência de qualquer conflito existe a incapacidade de compreender que nosso parceiro na disputa entende os fatos de maneira pessoal, o que pode não coincidir com a nossa. A frase a seguir faz parte da eterna contenda: "Por que você não entende as coisas do mesmo jeito que eu? Tudo está tão claro e evidente...".

Durante o curso, com esse grupo de executivos, decidimos utilizar os conceitos de uma ferramenta chamada Tetramap[20] para ajudar a esclarecer esse fato óbvio. Ela foi desenvolvida originalmente por Yoshimi e Brett John, diretores da Learnology, empresa de treinamento da Nova Zelândia. Trata-se de um mapa comportamental baseado nos elementos da natureza: Terra, Ar, Água e Fogo. De maneira muito simples, as pessoas podem ver onde elas e os outros estão e de onde vêm. A ferramenta também auxilia as pessoas a entender por que são como são. Aparentemente, embora sejamos constituídos por traços de personalidade relacionados aos quatro elementos da natureza, alguns de nós tem o elemento Terra como principal e outros têm predominância de Água, Ar ou Fogo em sua constituição emocional.

Na tabela a seguir apresentamos essas quatro categorias.

ELEMENTO	CARACTERÍSTICA PRINCIPAL	FOCO	CARACTERÍSTICAS DE APOIO	FRAQUEZA PRINCIPAL
Terra	Firme	Resultados	Ousado, decisivo	Brusco
Ar	Claro	Lógica	Preciso, sistemático, consistente	Crítico
Água	Calma	Sentimento	Inclusivo, considerado, paciente	Hesitante
Fogo	Brilho	Ideias	Entusiasmado, espontâneo	Perde facilmente o foco

Tínhamos feito previamente um estudo com esses executivos para determinar qual era o elemento principal

20 Disponível em: <http://www.tetramap.com>.

de cada um deles. Depois, reunimos os envolvidos em uma sala e pedimos para que cada um se sentasse com as pessoas que tinham o mesmo elemento predominante, todos os Terra juntos, todas as águas juntos etc. Apresentamos vários exemplos para definir o contexto e pedimos que executassem um exercício muito simples: cada grupo precisava definir a forma como preferia receber *feedback*. Os resultados foram muito diferentes, apesar da determinação de todos para realmente conhecer e apreciar melhor os membros de sua equipe.

Apreciando-se

Para apreciar os outros, precisamos proceder a autoapreciação. Após 35 anos como professor e estudante de meditação Raja Yoga, o método ensinado pela Brahma Kumaris, foi inevitável chegar a uma conclusão. Descobri que o ser mais próximo de mim sou eu mesmo. Tenho de ser eu por um longo período, provavelmente até mesmo após esta vida, portanto, tenho que ser meu melhor amigo. Caso eu não consiga, terei menos disposição para ser generoso e compreensivo com os outros. Nesses anos tenho praticado cerca de duas horas de meditação diariamente, sobretudo nas primeiras horas do dia, quando a mente encontra-se fresca e o intelecto, mais brilhante. Esse é o momento de grandes inspirações e experiências, o que na Índia se chama *amrit vela*, "as horas de néctar".

Este tempo pessoal, empregado de forma muito consciente tornou-se a fundação de cada dia. Em vez de arrastar-me para fora da cama, ouvir o noticiário da manhã e me dirigir para o ritmo de um dia agitado, meus primeiros pensamentos giram em torno de quem eu sou e de minhas qualidades inatas profundas. Em seguida, me conecto com a fonte de toda bondade, que chamamos Deus, Alá, Jeová ou Shiva (de acordo com a tradição religiosa de cada um). Fazer essa ligação entre o eu profundo e o Supremo promove uma sensação de centramento e de capacidade absoluta de enfrentar qualquer coisa que o dia possa produzir. Isso reforça meu senso de propósito profundo, que é servir aos outros de maneira genuína e abnegada e também os papéis que tenho de cumprir ao longo do dia e as responsabilidades que fazem parte deles.

Claro que não basta meditar e esperar que isso resolva todos os problemas. Algumas mudanças práticas em nossa vida podem certamente ajudar, e muito. Em outras palavras, a meditação ajuda as ações; as ações determinadas ajudam a meditação. A seguir estão algumas sugestões:

1 Seja bom consigo mesmo. Abrace a autodisciplina, lembrando que a palavra "disciplina" se origina de *disciplinare*, termo latino que significa "ensinar". Em outras palavras, a autodisciplina é ensinar a si mesmo o que realmente se precisa saber.

2 Trabalhe o seu senso de propósito para que possa planejar uma vida melhor. Seu propósito de vida global pode ser dividido em objetivos que você tenha que atingir este ano, a fim de avançar para cumprir essa finalidade. Os objetivos anuais podem ser divididos em objetivos semanais e em

importantes tarefas diárias, e podem alimentar e ser alimentados por esse senso de propósito.

3 Comece e termine cada dia com a meditação e pontue seu trabalho com pausas curtas em que você pode trazer sua alma de volta a seu centro, a seus valores e a seu senso de propósito.

4 Tenha uma alimentação saudável, se possível vegetariana, e encontre tempo para o exercício físico regular. Um estilo de vida saudável certamente melhorará a forma como você se percebe.

5 Compreenda seus valores profundos e aprecie suas fraquezas, de modo que possa empregar suas forças para superá-las.

6 Entenda e aceite suas especificidades, que o tornam único, e as compartilhe com os outros. Quanto mais oferecer, mais receberá.

7 Aprenda a perdoar a si e aos outros, a fim de se livrar do peso do passado.

8 Ajude os outros a se apreciarem e, assim, torne-se estável emocional e mentalmente.

9 Agradeça todos os dias sua boa fortuna.

...

Bibliografia

BACON, Brian; O'DONNELL, Ken. *No olho do furacão*: sobrevivência para organizações e indivíduos em tempos de caos. Salvador: Casa da Qualidade, 1999.

CHAKRABORTY, S. K. *Management and ethics omnibus*. Oxford University Press, 2001.

COOPERRIDER, David; SORENSEN Jr., David F.; WHITNEY, Diana; YAEGER, Therese F. (Eds.). *Appreciative inquiry*. Champaign: Stipes Publishing, 2000.

GUILLORY, William A. *A empresa viva*: espiritualidade no local de trabalho. São Paulo: Cultrix, 2002.

HARMAN, Willis. *Uma total mudança de mentalidade*. São Paulo: Cultrix, 1998.

JAWORSKI, Joseph. *Sincronicidade*. São Paulo: Best Seller, 2000.

KUCZMARSKI, Susan Smith. *Liderança baseada em valores*. São Paulo: Educator, 1999.

MASLOW, Abraham. *Toward a psychology of being*. New York: Van Nostrand Reinhold Company, 1968.

MCINTOSH, M.; LEIPZIGER, D.; JONES, K.; COLEMAN, G. *Corporate citizenship*: successful strategies for responsible companies. London: Financial Times/Pitman, 1998.

O'DONNELL, Ken. *A alma no negócio*: manual para uma gestão positiva. São Paulo: Brahma Kumaris, 2005.

O'DONNELL, Ken. *Endoquality*: as dimensões emocionais e espirituais de seres humanos nas organizações. Salvador: Casa da Qualidade, 1997.

O'DONNELL, Ken. *O espírito do líder* – Lições para tempos turbulentos. São Paulo: Integrare, 2009.

O'DONNELL, Ken. *Raízes da transformação*. Salvador: Casa da Qualidade, 1995.

O'DONNELL, Ken. *Valores humanos no trabalho*: da parede para a prática. São Paulo: Gente, 2006.

PORTER, M. E.; KRAMER, M. R. *Strategy and society*: the link between competitive advantage and corporate social responsibility. *Harvard Business Review*, Cambridge, MA, v. 84, n. 12, Dec. 2006.

RENESCH, John. (Org.). *Leadership in a new era*: visionary approaches to the biggest crisis of our time. San Francisco: New Leaders Press, 1994.

SENGE, Peter. *A dança das mudanças*. Rio de Janeiro: Campus, 1999.

SENGE, Peter. *A quinta disciplina*. São Paulo: Best Seller, 1990.

TADEU, Andre. *O drama da liderança*. São Paulo: Educator, 2002.

TOYNBEE, Arnold. *A study of history*. London: Oxford University Press, 1960. vols. I-X.

WHITNEY, Diana; TROSTEN-BLOOM, Amanda. *The power of appreciative inquiry*: a practical guide to positive change. San Francisco: Berrett-Koehler Publishers, 2003.

Outros Lançamentos da Integrare Editora

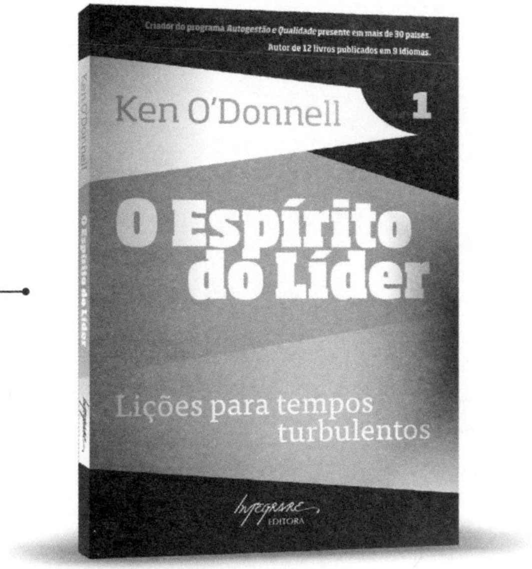

O Espírito do Líder

Lições para tempos turbulentos

Autor: Ken O'Donnell

ISBN: 978-85-99362-36-5

Número de páginas: 160

Formato: 14x21 cm

Preço: R$ 33,90

Reflexões para uma vida plena

Autor: Ken O'Donnell

ISBN: 978-85-99362-44-0

Número de páginas: 116

Formato: 11,5x18,5 cm

Preço: R$ 14,90